Paul Albrecht

Beitrag zur Torsionstheorie des Humerus und zur morphologischen Stellung der Patella in der Reihe der Wirbeltiere

Paul Albrecht

Beitrag zur Torsionstheorie des Humerus und zur morphologischen Stellung der Patella in der Reihe der Wirbeltiere

ISBN/EAN: 9783743613683

Hergestellt in Europa, USA, Kanada, Australien, Japan

Cover: Foto ©berggeist007 / pixelio.de

Manufactured and distributed by brebook publishing software (www.brebook.com)

Paul Albrecht

Beitrag zur Torsionstheorie des Humerus und zur morphologischen Stellung der Patella in der Reihe der Wirbeltiere

Beitrag zur Torsionstheorie des Humerus und zur morphologischen Stellung der Patella in der Reihe der Wirbelthiere.

INAUGURALDISSERTATION
WELCHE
ZUR ERLANGUNG DER DOCTORWÜRDE
IN DER
MEDICIN, CHIRURGIE UND GEBURTSHÜLFE
UNTER ZUSTIMMUNG DER MEDICINISCHEN FACULTÄT ZU KIEL
GESCHRIEBEN HAT

PAUL ALBRECHT
aus HAMBURG.

KIEL.
ZU HABEN IN DER UNIVERSITÄTS-BUCHHANDLUNG.
DRUCK VON C. F. MOHR (P. PETERS).
1875.

Referent: Dr. KUPFFER

Zum Druck genehmigt:

Dr. Esmarch,
d. Z. Decan.

Seinen verehrten Lehrern

Herrn Geheimen Medicinal-Rath Professor Dr. ESMARCH

und

Herrn Professor Dr. KUPFFER

in Ehrfurcht und Dankbarkeit gewidmet.

Beitrag zur Torsionstheorie des Humerus und zur morphologischen Stellung der Patella in der Reihe der Wirbelthiere.

Die Fortschritte, welche die vergleichende Osteologie der Wirbelthiere in den letzten elf Jahren gemacht hat, sind auf zwei Gebieten derselben zu suchen. Diese beiden Gebiete sind: erstens die vergleichende Knochenlehre des Schädels und zweitens die vergleichende Knochenlehre der paarigen Gliedmassen. So ist auf der einen Seite die GOETHE-OKEN'sche Wirbeltheorie des Schädels als eine falsche erwiesen, da sie sich zum grössten Theile der Integumentalknochen des Schädels, und nicht des Primordialcranium bediente, und an ihre Stelle ist die HUXLEY-GEGENBAUR'sche getreten, welche vermittelst der KUPFFER-KOWALEWSKY'schen Theorie über die Verwandschaft der Seescheiden mit dem Amphioxus eine continuirliche Kette herstellt zwischen dem Primordialcranium des am höchsten entwickelten Wirbelthieres, des Menschen, und dem vorderen Theile des Chordalstranges, welcher bei den Ascidienlarven über die Anlage des Kiemenkorbes hinwegstreicht.

So ist auf der anderen Seite die Entwickelungstheorie der Fischflosse zur polydactylen Extremität der Enaliosaurier entstanden und der Entwickelung dieser zur pentadactylen Grundform des Wirbelthierfusses von den Amphibien aufwärts, welcher sich die Theorie anschliesst von der Gleichwerthigkeit des jederseitigen Extremitätengürtels und dessen zugehöriger freier Gliedmasse mit einem Kiemenbogen und dessen Radii branchiales. Diese letztere Theorie in ihrer erstaunlichen Tragweite lässt sogleich erkennen, dass, wenn es wahr ist, dass die jederseitigen Extremitätengürtel und deren freie Gliedmasse Derivate eines Kiemenbogens sind, diese Derivate von Kiemenbogen sich unter einander vergleichen lassen müssen, diese Derivate mit einem Worte im Speciellen ihre Homologa aufweisen müssen, wie ein Kiemenbogen das Homologon eines anderen ist. Es ist somit die comparative Osteologie der paarigen Wirbelthiergliedmassen unter sich nicht nur gestattet, sondern geboten, und gerade auf diesem Felde sind in der letzten Zeit drei grosse Fortschritte gemacht. Diese drei Fortschritte lassen sich in ihren Resultaten kurz in eine vergleichende Knochen-Tabelle der vorderen und hinteren Wirbelthier-Gliedmassen zusammenfassen, welcher eine weniger ausführliche bei GEGENBAUR: vergleichende Anatomie

2te Auflage § 205 zu Grunde liegt.¹) Zur Erklärung diene, dass die rechts und links sich gegenüber stehenden Skelettheile einander anatomisch gleichwerthig, das heisst nach dem von OWEN für die anatomische Gleichwerthigkeit metamerer Skeletstücke gebrauchten Ausdrucke, einander im Allgemeinen homolog, im Speciellen homodynam ²) sind. Die Tabelle ist folgende:

---

¹ Die GEGENBAUR'sche Tabelle ist ebenfalls bei OSCAR SCHMIDT, Handbuch der vergleichenden Anatomie, 6. Auflage, pag. 302 abgedruckt.

² Zuweilen findet sich für die Gleichwerthigkeit metamerer oder homodynamer Skelet-stücke auch der Ausdruck der Homotypie. Dieses scheint mir nicht richtig, da homotype Organe antimere Organe sind, durch Homotypie also die Gleichwerthigkeit antimerer Organe ausgedrückt werden sollte.

Vergleichende Knochentabelle der vorderen und hinteren paarigen Gliedmassen.

Vorderer oder cranialer Extremitätengürtel. — **Hinterer oder caudaler Extremitätengürtel.**

Primordialer Gürtel

Vorderer	Hinterer
Scapula.	Os ilium.
Suprascapulare.	fehlt.
Procoracoid.	Os pubis.
Epicoracoid.	fehlt.
Mesocoracoid.	fehlt.
Coracoid.	Os ischii.

Secundärer Gürtel

Vorderer	Hinterer
Supraclavicularia.	fehlen.
Clavicula.	fehlt.
Infraclaviculare.	fehlt.
Episternum (Interclaviculare).	fehlt.

Vordere oder craniale freie Gliedmasse. — **Hintere oder caudale freie Gliedmasse.**

Vordere	Hintere
Propterygium basale.	Propterygium basale.
Mesopterygium basale.	Mesopterygium basale.
Metapterygium basale. (Humerus).	Metapterygium basale. (Femur).
Radius.	Tibia.
Ulna.	Fibula.

Carpus. proximale Reihe. — Tarsus. proximae Reihe.

Carpale proximale I.	Radiale.	Scaphoideum. (Naviculare).	Tarsale proximale I. Tibiale.	Astragalus.
Carpale proximale III.	Intermedium	Lunatum. (Semilunare).	Tarsale proximale III. Intermedium.	
Carpale proximale II.	Centrale radiale	Centrale.	Tarsale proximale II. Centrale tibiale	Centrale. Scaphoideum. (Naviculare).
Carpale proximale IIII.	Centrale ulnare		Tarsale proximale IIII. Centrale fibulare.	

Die carpalen Centralia finden sich doppelt bei Ichthyosaurus und Cryptobranchus japonicus, sie verschmelzen alsdann, erhalten sich aber als ein Centrale bis zu den Primaten hinauf und werden auch noch beim Menschen embryonal angelegt. (GEGENBAUR.)

Carpale proximale V.	Ulnare.	Triquetrum. (Pyramidale).	Tarsale proximale V. Fibulare.	Calcaneus.
Accessorium.		Pisiforme.	fehlt.	

Carpus. distale Reihe. — Tarsus. distale Reihe.

Carpale distale I.	Carpale I.	Multangulum maius. (Trapezium).	Tarsale distale I.	Tarsale I. Endocuneiforme.
Carpale distale II.	Carpale II.	Multangulum minus. (Trapezoides).	Tarsale distale II.	Tarsale II. Mesocuneiforme.
Carpale distale III.	Carpale III.	Capitatum. (Magnum).	Tarsale distale III.	Tarsale III. Ectocuneiforme.
Carpale distale IIII.	Carpale IIII.	Hamatum. (Uncinatum).	Tarsale distale IIII.	Tarsale IIII. Cuboideum.
Carpale distale V.	Carpale V.		Tarsale distale V.	Tarsale V.

Die drei in Rede gestellten Fortschritte, welche in dieser Tabelle ausgesprochen sind, sind folgende:

Es ist erstens die Unordnung aufgehoben, welche in früheren Arbeiten durch die Clavicula entstand. Die Clavicula wurde dem Os pubis verglichen und homodynam gesetzt, indem man einerseits das Procoracoid, andererseits die differenten Entstehungsverhältnisse der Clavicula und des Os pubis aus den Augen liess. Denn wie die Clavicula phylogenetisch ein secundärer Knochen ist, d. h. ein Knochen ist, der sich aus sofort ossificirendem Gewebe bildet, indem sie zuerst bei den Acipenserinen unter den Ganoiden auftritt und sich als bindegewebiger, corialer Integumentalknochen auf den unter ihr liegenden primordialen Schultergürtel senkt, so ist sie auch ontogenetisch ein von einem primären Knochen sich wesentlich unterscheidendes Skeletstück. Denn selbst noch beim Menschen entsteht die Clavicula in ihrer ersten Anlage aus einem sofort ossificirenden Gewebe, welches allerdings nach beiden Seiten hin in entschiedenen provisorischen Knorpel sich fortsetzt.[1] Sie unterscheidet sich also von einem primären Knochen dadurch, dass sie, wenn auch nur in ihrer ersten Anlage, unmittelbar ossificirt, während ein primärer Knochen in seiner vollen Ausdehnung aus provisorischem Knorpel hervorgeht. Es stellt sich somit die Clavicula auf eine Stufe mit den Integumentalknochen des Schädels, selbst wenn sich in der aufsteigenden Reihe der Wirbelthiere das Bestreben geltend macht, die Clavicula von einem secundären Knochen zu einem primären durch Anpassung umzubilden.[2] Das Os pubis hingegen ist in der Reihe der Wirbelthiere wie ontogenetisch ein rein knorpelig praeformirter Knochen. So ist die differente Entstehungsweise der Clavicula und des Os pubis das Moment gewesen, welches die vermeintliche Homologie beider vernichtete, während überdies das wirkliche Homologon des Os pubis in einem ebenfalls primären, aber früh in der Reihe der Wirbelthiere verschwindenden Knochen, dem Procoracoid, gefunden ist. Dieses Procoracoid, welches bei den urodelen Amphibien zuerst auftritt, verschwindet bei den Crocodilinen, um nur noch einmal bei den Ratiten aufzutauchen, und einen abermaligen Beweis für die nächste Verwandschaft dieser merkwürdigen Unterclasse mit den Sauriern zu liefern. (Gegenbaur, Huxley.)

Der zweite Fortschritt, welcher in der gegebenen Tafel ausgesprochen ist,

---

[1] Vergl. Bruch, Zeitschrift für wissenschaftliche Zoologie. IV. 371.
Gegenbaur, Jenaische Zeitschrift für Medicin und Naturwissenschaft. I. 7.
Untersuchungen zur vergleichenden Anatomie der Wirbelthiere. II. 5.

[2] Dieselbe Erscheinung bemerken wir in dem Verhalten des episternum in der Reihe der Wirbelthiere. Während es bei den Reptilien ein secundärer Knochen ist und es bei den Vögeln wahrscheinlich durch einen Bandapparat zwischen der Furcula und der Crista sterni vertreten wird, finden wir es bei den Amphibien und Säugethieren als primäres Skeletstück, das beim Menschen nicht mehr ossificirt, sondern als Meniscus im Sternoclaviculargelenk erscheint. —

besteht in der festgestellten Homodynamie zwischen den Skeletstücken des Unterarms und des Unterschenkels. Denn so einfach und sicher es heute erscheint, dass der Radius der Tibia, die Ulna hingegen der Fibula homodynam ist, so vage sind die Hypothesen über diesen Punct, so verwickelt ist die endliche Beweisführung gewesen. Wenn man bedenkt, dass noch VICQ-D'AZYR die Ansicht des ARISTOTELES vertreten konnte, die Tibia der einen Körperhälfte correspondire mit der Ulna der anderen, welcher Ansicht sogar CUVIER beitrat, wenn man bedenkt, dass MECKEL, BOURGERY und CRUVEILHIER beweisen wollten, der obere Theil der Tibia sammt der Patella sei der Ulna, der untere Theil dem Radius homodynam, während MARTINS allerdings die Homodynamie des Radius und der Tibia annahm, aber die Epiphysis proximalis tibiae aus den proximalen Epiphysen der Fibula und Tibia verschmelzen liess, so sieht man ein, welch grosser Fortschritt darin liegt, dass endlich bewiesen ist, was DE BLAINVILLE, BARCLAY, FLOURENS und OWEN behauptet, aber freilich nicht in endgültiger Weise bewiesen haben: die Homodynamie des Radius und der Tibia, der Ulna und Fibula. Dieser Beweis ist geführt durch zwei andere. Der erste hob scheinbar alle Schwierigkeiten, welche durch die paradoxe Lagerung der cruralen und antibrachialen Skelettheile entstand, indem nämlich der Radius einerseits am Condylus externus humeri, die ihm homodyname Tibia am Condylus internus femoris, die Ulna auf der anderen Seite am Condylus internus humeri und die ihr homodyname Fibula am Condylus externus femoris liegt. Dieser erste Beweis ist der Beweis von der Torsion des Humerus, welcher von MARTINS im Jahre 1857 angebahnt, von LUCAE und WELCKER verfolgt, von GEGENBAUR im Jahre 1868 geführt ist. Der zweite Beweis ist der Beweis einer Stammreihe im primitiven Skelete der freien Gliedmassen. Diese Stammreihe, welche an der vorderen Extremität durch Humerus, Radius, Carpale proximale I, Carpale distale I, Metacarpale I und die Daumenphalangen, an der hinteren durch Femur, Tibia, Tarsale proximale I, Tarsale distale I, Metatarsale I und die Phalangen des Hallux gebildet wird, an welche die übrigen Skeletstücke der freien Gliedmasse an der vorderen in 5, an der hinteren in 4 secundären Strahlen sich anschliessen, hat den Schlussstein zu dem Beweis für die Homodynamie der Skeletstücke des Unterarmes und Unterschenkels geliefert.[1])

Der dritte Fortschritt endlich, welchen die obige Tabelle wiedergiebt, betrifft die Säuberung des Carpus und Tarsus. Welch endlose Ansichten über die specielle Homologie der einzelnen Carpalia und Tarsalia aufgestellt sind, welche Verwirrung durch die accessorischen Ossificationscentren, welche Missverständnisse durch das secundäre Zerfallen der einzelnen in Rede stehenden Skelettheile entstanden, kann hier

---

[1]) Vergl. GEGENBAUR. Untersuchungen etc. II 164.

nicht wiedergegeben werden. Dieser heillosen Unordnung ist aber mit einem Schlage im Jahre 1864 durch die Zurückführung des Carpus und Tarsus auf das primitive aus zehn Knochen bestehende Carpal- und Tarsalskelet ein Ende gemacht.[1]) Das Os accessorium oder Pisiforme ist als «os hors de rang» aus dem Carpus hinausgeworfen, der Beweis geführt, dass kein Homologon desselben an der hinteren Extremität vorhanden ist, und bewiesen, dass das Pisiforme überhaupt weder zum Carpus gehöre, noch ein anatomisches Sesambein sei, sondern das Rudiment eines sechsten Fingers ist. Es ist das Pisiforme das direct nachweisbare auf uns gekommene Erbtheil einer verschollenen Wirbelthierklasse, der polydactylen Enaliosaurier der Secundärzeit, die der Entwicklung nach zwischen den Dipneusten und Amphibien ihren Rang einnehmen und sich wahrscheinlich durch die Dipneustenstufe auf die Selachier zurückführen lassen.

Diese drei Fortschritte sind es, welche in der gegebenen Tabelle ausgesprochen sind. Es fällt jedoch bei näherer Prüfung der Tafel sofort in die Augen, dass ein Knochen in derselben übergangen ist, der einer der wichtigsten Skelettheile der hinteren Wirbelthierextremität zu sein scheint. Es ist die Patella. Die Patella wird weder genannt, noch ein Homologon an der vorderen Extremität ihr gesetzt. Der Grund hierfür ist folgender. Es sind über das Wesen der Patella und besonders über das ihr gleichzusetzende Skeletstück an der vorderen Extremität so viele Streitigkeiten geführt, so viele sich widersprechende Ansichten aufgestellt, dass es bis zu diesem Augenblicke nicht gelungen ist, eine vollkommene Klärung dieser Verhältnisse zu erreichen. Um nun diesem Ziele näher zu rücken, wird es für's Erste umgänglich nöthig sein, die Theorien, welche bisher über die Patella und deren Homologon an der vorderen Extremität aufgestellt sind, aufzuführen und einer eingehenden Kritik zu unterwerfen, mit einem Worte festzustellen, was von dem bisher Behaupteten beizubehalten, was zu verwerfen ist. Zu diesem Zwecke gehen wir in der Literatur rückwärts und finden folgende Ansichten über die Patella und deren Homologon in der Geschichte verzeichnet, welche einzelne Ansichten ich als Theorien mit dem Namen ihrer Urheber versehen aufführen will. Es sind neun Theorien. Diese sind:

1. Die WINSLOW'sche Theorie.

Die Patella ist ein Theil der Tibia. Die Tibia entspricht der Ulna, die Fibula dem Radius, die Patella dem Olecranon.

2. Die Theorie von Vicq-d'Azyr.

Die Patella ist ein Theil der Tibia. Die Tibia entspricht der Ulna der ent-

[1]) Vergl. GEGENBAUR, Untersuchungen etc. I.

gegengesetzten Körperhälfte, die Fibula dem Radius der entgegengesetzten Körperhälfte, die Patella dem Olecranon der entgegengesetzten Körperhälfte.

3. Die Theorie von BOURGERY und CRUVEILHIER.

Die Patella ist ein Theil der Tibia. Die Tibia entspricht in ihrem proximalen Theile der Ulna, in ihrem distalen dem Radius, die Fibula in ihrem proximalen Theile dem Radius, in ihrem distalen der Ulna, die Patella dem Olecranon.

4. Die Theorie von AUZIAS-TURENNE.

Die Patella ist ein Theil der Tibia. Die Tibia entspricht in ihrem proximalen Theile der Ulna der entgegengesetzten Körperhälfte, in ihrem distalen dem Radius der entgegengesetzten Körperhälfte, die Fibula in ihrem proximalen Theile dem Radius der entgegengesetzten Körperhälfte, in ihrem distalen der Ulna der entgegengesetzten Körperhälfte, die Patella dem Olecranon der entgegengesetzten Körperhälfte.

5. Die Theorie von MARTINS.

Die Patella ist ein Theil der Tibia. Die Epiphysis proximalis tibiae ist verschmolzen aus den ursprünglichen proximalen Epiphysen der Fibula und der Tibia, so dass also was wir die proximale Epiphyse der Tibia nennen, ein zusammengesetztes Gebilde ist. Dem äusseren Theile desselben, welcher von der Fibula herstammt, gehört die Patella ursprünglich an. Der übrige Theil der Tibia entspricht dem Radius, die Fibula der Ulna, die Patella dem Olecranon.

6. Die Theorie von de BLAINVILLE und GERDY.

Die Patella ist ein Theil der Fibula. Die Tibia entspricht dem Radius, die Patella dem Olecranon.

7. Die BERTIN'sche Theorie.

Die Patella ist ein Sesambein. Sie vertritt das Olecranon.

8. Die CHENAL'sche Theorie.

Die Patella ist ein Sesambein. Sie entspricht morphologisch einem selten auftretenden Sesambeine in der Cubitalsehne des M. extensor antibrachii triceps.

9. Die OWEN'sche Theorie.

Die Patella ist ein Sesambein. Sie entspricht morphologisch einem selten auftretenden Sesambeine in der radialen Sehne des M. flexor antibrachii biceps.

Es sind dies die neun Theorien, welche über den morphologischen Werth der

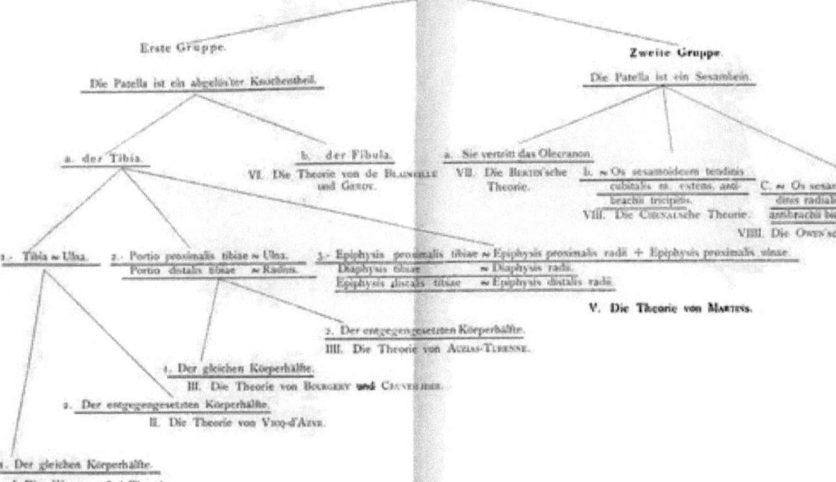

Patella und ihres Homologon an der vorderen Extremität aufgestellt sind. Man sieht auf den ersten Blick, dass sie in zwei grosse Abtheilungen zerfallen, indem die ersten 6 Theorien von dem Grundgedanken ausgehen, die Patella sei der abgelöste Theil eines der beiden Unterschenkelknochen, die letzten drei jedoch im Gegensatze zu jenen die Patella für ein Sesambein erklären, welches in der Tibialsehne des M. extensor cruris quadriceps liegt und zu keiner Zeit der Entwickelung mit einem der beiden Unterschenkelknochen in genetischem Zusammenhange steht.

Die erste Gruppe kann man wieder in zwei Unterabtheilungen bringen, je nachdem die Patella als ein Derivat der Tibia oder der Fibula angesehen wird. Auch diese erste Unterabtheilung lässt sich auf das Bequemste in fernere Ordnungen trennen, wodurch der ganze Theoriencomplex und dessen Entstehung verständlicher wird. Zur besseren Uebersicht also gebe ich folgendes Schema der neun über das Wesen der Patella aufgestellten Theorien, in welchem der Kürze wegen statt des Wortes homolog das mathematische Zeichen der Aehnlichkeit gesetzt ist: —

Betrachten wir diese Theorien von der ersten fortschreitend zur letzten, so sehen wir in der schrittweisen Aenderung der Ansichten ein verkleinertes Bild der Entwickelung, welche die ganze vergleichende Anatomie genommen. Denn wie die sogenannte Anatomie des Menschen von GALEN bis in die Mitte des 16ten Jahrhunderts eine Anatomie der Hunde und Affen war, die sich erst durch VESAL zu einer Anatomie des Menschen emporschwang, so sind umgekehrt die ersten vergleichend anatomischen Versuche, die in das Ende des vorigen Jahrhunderts fallen, solche, in denen die Verhältnisse des Menschen ohne jedes Bedenken auf die übrigen Thiere übertragen werden. Diese falsche Methode ist bis vor Kurzem fast allgemein befolgt worden, die GOETHE-OKEN'sche Wirbeltheorie des Schädels und die sich an dieselbe anschliessenden von SPIX, BOJANUS, ETIENNE GEOFFROY-ST.-HILARE, CARL GUSTAV CARUS und OWEN beweisen dies. Erst DARWIN ist der vergleichenden Anatomie geworden, was VESAL der descriptiven Anatomie des Menschen war.

Wenden wir uns somit zunächst an die WINSLOW'sche Theorie, die erste Theorie der ersten Gruppe, so sehen wir, dass vom Menschen ausgehend die vordere und hintere Extremität anscheinend auf die natürlichste Art und Weise verglichen werden. Die Vergleichung findet Statt, während die Unterarmknochen sich in der Stellung der Ruhe, d. h. in Supination befinden. Es wird alsdann folgendermassen geschlossen: Der Humerus entspricht dem Femur, die medial liegende Ulna der medial liegenden Tibia, der lateral liegende Radius der lateral liegenden Fibula. Die Flexions- und Extensionsflächen sind aber verschieden vertheilt am Humerus und am Femur. Am Humerus liegt die Flexionsfläche vor der Axe, praeaxial, am Femur hinter der Axe, postaxial. Die Extensionsfläche hingegen liegt beim Oberarmbeine postaxial, beim Knochen des Oberschenkels praeaxial. Mithin ist es nicht zu verwundern, dass die Patella, welche ursprünglich von der Tibia sich lös'te, und welche dem Olecranon entspricht, am Beine vor der Axe liegt, während das Olecranon sich am Arme hinter derselben befindet. So hat WINSLOW geschlossen, indem er die unübersteiglichen Schwierigkeiten vernachlässigte, welche durch diesen Vergleich an Hand und Fuss entstehen. Es entspricht nämlich, wenn wir die WINSLOW'sche Comparation weiter fortsetzen, offenbar der fünfte Finger der Hand, der bei der Supination medial liegt, dem medial liegenden Hallux, der Daumen hingegen der kleinen Zehe. Es liegt ferner die Flexionsfläche der Hand nach vorn, während die Flexionsfläche des Fusses nach hinten liegt, und die Extensionsflächen sich in entsprechender Weise umgekehrt verhalten.

Um nun einen fundamentalen Widerlegungsgrund für diese Theorie wie für sämmtliche Theorien dieser Gruppe zu finden, müssen wir auf die Torsion des Humerus näher eingehen und die Verhältnisse betrachten, welche aus dem differenten Verhalten des vorderen Metapterygium basale im Gegensatz zum hinteren in der Reihe der Wirbelthiere wie in der individuellen Entwickelung entspringen. Wir müssen ferner zur Widerlegung dieser ganzen Gruppe betrachten, ob die Patella je phylo- oder ontogenetisch einem der Unterschenkelknochen als sich später von ihm trennende Epi- oder Apophyse angehöre. Somit bestände unsere nächste Aufgabe, um die Kritik jener Theorien in eingehender Weise üben zu können, in zwei Untersuchungen, nämlich erstens in einer Untersuchung über die Torsion des Humerus und der aus dieser entspringenden differenten Zustände, und zweitens in einer Untersuchung über die phylo- und ontogenetische Entstehung der Kniescheibe. Wir wenden uns zur ersten Aufgabe, zur Untersuchung über die Torsion des Humerus.

Wie wir schon oben gesehen haben, hat CHARLES MARTINS, Professor der medicinischen Naturwissenschaften zu Montpellier, im Jahre 1857 zuerst den Gedanken einer Torsion des Humerus ausgesprochen. Es ist für das Folgende durchaus nöthig, die Gründe zu erörtern, welche ihn zu dieser Ansicht brachten. Die meisten Anthropotomen wie hauptsächlich BERTIN, LECAT, WINSLOW, SABATIER, SOEMMERING, BICHAT, BARCLAY, BOYER, MECKEL, die beiden CLOQUETS, LAUTH, BLANDIN, ESTOR, CRUVEILHIER, JAMIN, SAPPEY und HENLE, ja sogar der grosse ALBIN, der in diesem Sinne, tamquam si aptet se ad amplexum vom Humerus sagt, hatten eine courbure de torsion am Oberarmknochen beschrieben. Diese Torsion schien ihnen angedeutet durch eine Linie, welche theils scharfkantig, theils rauh sich vom Epicondylus externus humeri allmählig nach hinten schlägt, um an einer ausgezeichneten Stelle an der Innenseite des Collum anatomicum humeri zu enden. So steigt sie vom Epicondylus externus humeri scharfkantig als Crista condyloidea externa (external condyloid ridge der englischen Anatomen) in die Höhe, indem sie dem distalen Theile des Ligamentum intermusculare externum, am Epicondylus dem M. extensor carpi radialis longus und proximal hiervon dem M. brachio-radialis zum Ansatze dient. Von dem Puncte jedoch an, wo der N. radialis, die A. profunda brachii superior und die VV. profundae brachii superiores das Ligamentum intermusculare externum durchbohren, verfolgt man die Linie weiter in der Fossa musculo-spiralis (musculo-spiral groove der englischen Anatomen) zwischen den rauhen Ansatzleisten des M. anconaeus internus und des M. anconaeus externus bis an die mediale Seite des Collum anatomicum humeri gegenüber dem Tuberculum infraglenoidale scapulae. Wir wollen diese Linie nach dem Vorgange der Franzosen, welche dieselbe im Anklange an eine ähnliche rauhe Linie des Femur »la ligne âpre de l'humérus« nennen, kurz mit dem Ausdrucke Linea aspera humeri bezeichnen. Wie gesagt, diese Spirallinie war längst vor MARTINS bemerkt und beschrieben. MARTINS nun kam, da die Zeit grosse Schwierigkeit in dem anscheinend paradoxen Verhältnisse fand, dass der Radius, den man schon damals nach dem Vorgange von DE BLAINVILLE allgemein der Tibia gleichsetzte, am Condylus externus humeri, die Tibia jedoch gegen den Condylus internus femoris entspringt, auf den Gedanken zum Zwecke der Vergleichung der vorderen und hinteren Extremität die beschriebene Spirale vom Humerus abzuwickeln, das heisst den Humerus zurückzudrehen, bis die Articulatio humero-radialis, also das proximale Ende des Radius sammt dem Condylus externus humeri nach innen zu liegen kommt. Er nahm nicht an wie sein Nachfolger GEGENBAUR, dass der Humerus je, sei es in der Reihe der Wirbelthiere, sei es in der individuellen Entwickelung, actuell diese Drehung vollzogen habe, er gab nur an, dass zur möglichen Vergleichung der vorderen und hinteren Extremität man sich den Humerus um seine Längsaxe im entgegengesetzten Sinne seiner Torsionsspirale retorquirt denken müsse. Die Torsionstheorie, welche MARTINS aufstellte, betraf also eine potentielle Torsion des Humerus, die durch GEGENBAURS Untersuchungen zu einer Theorie der actuellen Torsion des Humerus erhoben wurde. Die Neigung, solche potentiell geforderten Körpertheile aufzustellen, ja sogar sie mit anderen unverändert gelassenen Körpertheilen in einen anatomischen Vergleich zu ziehen, lag in der Richtung jener Zeit, wofür die Forderung MARTINS, das Homologon eines Os ilium in dem Spiegelbilde der Scapula der gleichen Körperhälfte zu suchen, an welche Forderung sich die eingehendsten anatomischen Vergleiche schliessen, ein schlagender Beweis ist.[1]) Wie gesagt, MARTINS behauptete, den Torsionsindex des Humerus habe die Natur in der Spirale gegeben, welche die Linea aspera humeri um den Knochen schlägt. Um den leicht möglichen Verwirrungen bei diesen Untersuchungen zu entgehen, kann man die beschriebene potentielle und actuelle Drehung des Humerus leicht dadurch nachahmen, dass man einen Humerus am Collum chirurgicum durchsägt, und so die Möglichkeit erhält, den Humerus um seine Längsaxe zu rollen. Aufs Höchste wird die Drehung dadurch nachgeahmt, dass man, wie MARTINS es vorschlägt,[2]) einen Humerus bis an das Collum chirurgicum in eine verdünnte wässerige Salzsäurelösung hängt und auf diese Weise einen Humerus herstellt, der bis auf seinen chirurgischen Kopf decalcinirt ist und in der ganzen distalen Ausdehnung sich leicht um seine Längsaxe torquiren lässt.

---

[1]) Vergl. MARTINS, nouvelle comparaison etc. 512.
[2]) Vergl. MARTINS, nouvelle comparaison etc. 482.

Gesetzten Falles dies sei geschehen, so kann man jetzt an eine Retorsion des Humerus denken. Diese Retorsion muss nun, wenn die Linea aspera der Index einer potentiellen oder actuellen Torsion des Humerus sein soll, offenbar in folgendem Sinne erfolgen. Zugleich wird vorausgesetzt, dass, indem wir vom Menschen ausgehen, die Vordergliedmassen und mit ihnen die Längsaxen der Humeri und der antibrachialen Skeletstücke parallel zur Medianebene des Körpers orientirt sind. Das Tuberculum minus humeri steht alsdann nach vorn, das Planum supraspinatum tuberculi maioris direct nach aussen. Am distalen Ende steht der epiconylus radialis (externus) — und hierauf ist grosses Gewicht zu legen — nach aussen und etwas postaxial, das heisst hinter der Axenebene, die man sich durch die Mitte des Planum supraspinatum tuberculi maioris und die medial nach unten prolongirte Lippe des Caput anatomicum humeri gelegt denkt, während der Epicondylus ulnaris (internus) nach innen und etwas praeaxial steht. Die beschriebene Axenebene nun, welche man auf den anatomischen Kopf des Humerus construirt, schneidet die durch das distale Ende des Humerus gelegte Axenebene beim erwachsenen Indogermanen in einem Winkel, dessen Durchschnittswerth gleich 12° von GEGENBAUR gefunden ist. Der Epicondylus radialis liegt also in diesem Falle 12° hinter der proximalen Axenebene des Humerus, während der Epicondylus ulnaris um eben so viele Grade vor derselben zu stehen kommt. Die folgende dem GEGENBAUR entnommene, nach der LUCAE-WELCKER'schen Weise gezeichnete Figur giebt diese Verhältnisse wieder. Da in diesem Versuche der Einfachheit halber immer die rechte Extremität zum Vergleiche herangezogen wird, so ist auch hier statt des Risses, den GEGENBAUR vom linken Humerus giebt, der rechte Humerus genommen. Man sieht die erwähnten Axen, indem A B die proximale, a b die distale Axe darstellt, ferner die Lagerung des Epicondylus ulnaris vor der proximalen Axe.

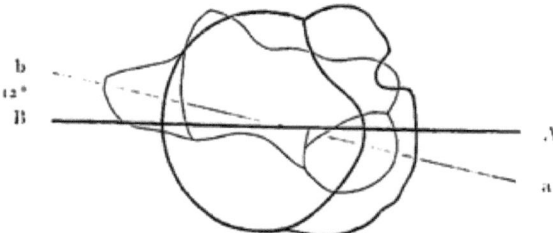

Will man nun die Spirale abdrehen, so muss man, da dieselbe medial unter dem Collum anatomicum entspringt und lateral am Epicondylus radialis ihr Ende nimmt, den von der Spirale umgriffenen Theil des Humerus bei festliegendem Caput chirurgicum von aussen nach innen retorquiren und zwar absolut so, dass der Epicondylus radialis stärker postaxial, der Epicondylus ulnaris stärker praeaxial rückt, bis die Axenebene des distalen Humerusendes die Axenebene des proximalen Humerusendes in einem Winkel von 90° schneidet. Dann steht die Ebene, welche durch das distale Gelenkende des Humerus geht, parallel zur Vertebro-sternal-ebene des Körpers, während die durch das proximale Gelenkende des Humerus geführte Axenebene unverändert einen rechten Winkel mit der Vertebro-sternal-ebene des Körpers bildet. Kürzer gesagt, es geht alsdann durch das distale Gelenkende eine Sagittalebene, durch das proximale eine frontale. Ist die Drehung soweit erfolgt, so sehen wir, dass die Spirale noch nicht gänzlich abgewickelt ist. Wir müssen also, um die gänzliche Abwicklung derselben zu erreichen, die Retorsion weiter vollführen. Der Epicondylus radialis rückt alsdann nach innen, seine Postaxialität wird geringer, die Epicondylus ulnaris hingegen rückt nach aussen, seine Praeaxialität wird geringer. Endlich wird der Winkel zwischen der proximalen Humerusaxe und der distalen gleich 0°, das distale Gelenkende des Humerus hat sich nun um 168° gedreht, der Epicondylus radialis, früher externus, liegt innen, der Epicondylus ulnaris, früher internus, liegt aussen. Die proximale wie die distale Axe stehen unter sich parallel senkrecht zur Vertebro-sternal-ebene des Körpers, der Radius liegt innen, die Ulna aussen, kurz man hat durch die 168° Retorsion ein Verhalten hergestellt, wie es die hintere Extremität ohne vorhergegangene Retorsion darbietet, indem der der Tibia homologe Radius nunmehr ebenfalls innen, die der Fibula homologe Ulna nunmehr ebenfalls aussen liegt.

Dies ist das Verfahren des MARTINS, der auf diese Weise einen ideellen retorquirten Humerus herstellte, der nunmehr sammt den Skeletstücken des Unterarmes in schicklicher Weise für die Vergleichung mit der unverändert gebliebenen hinteren Extremität vorbereitet war. Sein Nachfolger GEGENBAUR jedoch hat nachzuweisen gesucht, dass diese Retorsion keineswegs nur einen ideellen Werth besitze, indem die Torsion des Humerus nicht, wie MARTINS meinte, nur eine potentielle sei, sondern einen actuellen Werth habe, da sie factisch in der phylogenetischen Entwickelung der Wirbelthiere wie in der individuellen, embroyologischen Entwickelung jedes einzelnen amphipneumonen Wirbelthieres von den Amphibien aufwärts Statt gefunden habe und Statt finde. Er wies nach, dass der mittlere Werth des Torsions-Winkels, welchen die proximale und die distale Gelenkaxe mit einander bilden, bei Embryonen kleiner sei als bei Kindern, bei Kindern kleiner als bei Erwachsenen, bei niederen Wirbelthieren kleiner als bei höheren, ja sogar beim Neger kleiner als beim Indogermanen sei.

So steht also bis heute die Lehre von der Torsion des Humerus, indem man annimmt, dass dieselbe actuell phylo- und ontogenetisch in Erscheinung tritt, erklärt man durch sie die bisher paradox erscheinende epicondyle Lagerungsverschiedenheit des Radius und der Tibia, der Ulna und der Fibula, und hat durch sie ein Mittel gefunden, den differenten Zustand der vorderen Extremität auf den ursprünglichen der hinteren Extremität zu reduciren.

Als ich diese Verhältnisse näher untersuchte, fiel mir zunächst folgendes auf. Wenn ich nämlich die Torsion des Humerus in dem Sinne vornahm, wie sie zur Abwickelung des Torsionsindex, der Spirale, vorgenommen werden musste, d. h., wenn ich den Epicondylus radialis mit ihm den Radius allmählich postaxial, den Epicondylus ulnaris mit ihm die Ulna allmählich praeaxial sich drehen liess, so wickelten sich zwar die Spirale, der N. radialis und die ihn begleitenden Gefässe ab, es entstand dagegen eine seltsame Verwirrung in folgenden Gebilden. Es schlägt sich nämlich bei der im obigen Sinne ausgeführten Retorsion der M. flexor antibrachii biceps von dem Tuberculum supraglenoidale scapulae einerseits und von der Bicipitalfacette des Coracoides andererseits um den Humerus von oben und innen nach aussen und unten herum, gelangt von der praeaxialen auf die postaxiale Seite der Extremität und setzt sich dort mit seiner Hauptsehne an den Radius. Es schlägt sich ferner bei im obigen Sinne ausgeführter Retorsion der M. extensor antibrachii biceps mit seinem langen Kopfe von dem Tuberculum infragenoidale scapulae von hinten und innen auf die praeaxiale Seite des Humerus nach aussen und unten auf das Olecranon. Es schlagen sich ferner bei so ausgeführter Drehung die A. und V. brachialis, der N. medianus und der N. ulnaris von oben und innen auf die praeaxiale Seite des Humerus, die A. und V. brachialis und der N. medianus um die praeaxiale Fläche herum, auf die postaxiale, während der N. ulnaris erst nach seinem Verlaufe im Sulcus ulnaris auf die praeaxiale Fläche der vorderen Extremität tritt. Diese Verhältnisse habe ich mich bemüht, in der folgenden Zeichnung wiederzugeben, in welcher die unverändert gehaltene vordere und hintere Extremität mit der im beschriebenen Sinne retorquirten vorderen Extremität in Bezug auf die durch die Retorsion erzielten differenten Verhältnisse zu gleicher Zeit einer Prüfung unterworfen werden können.

Theorie der radio-postaxialen Torsion des Humerus.

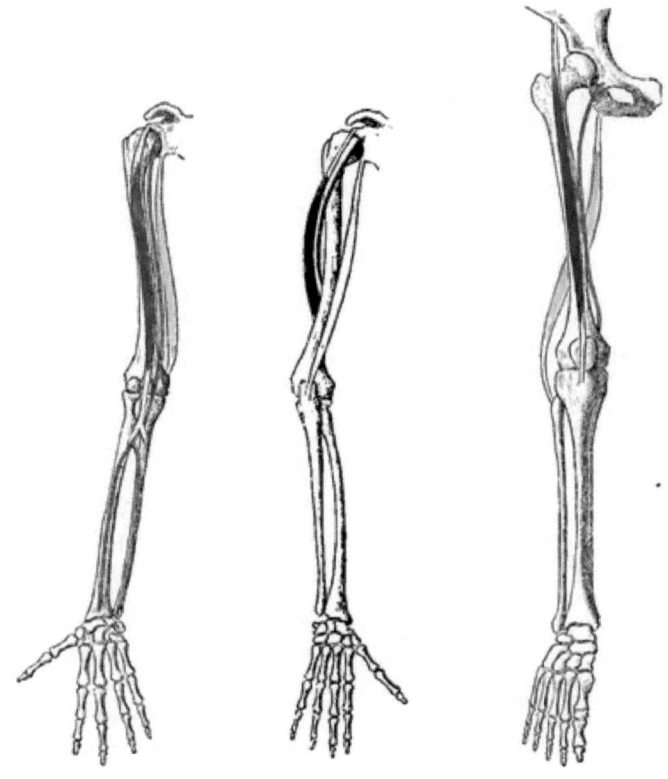

Vor der Retorsion.   Nach der Retorsion.

Wir sehen also, dass die Rückdrehung des Humerus in dem Sinne vollführt, dass der Epicondylus radialis nach hinten, der Epicondylus ulnaris nach vorn rückt, welche Drehung ich kurz als die radio-postaxiale Drehung bezeichnen will, zwar den N. radialis und die ihn begleitenden Organe detorquirt, dafür aber eine Torsion der genannten Muskeln, Gefässe und Nerven bedingt. Während somit der N. radialis und die ihn begleitenden Organe vor der Retorsion eine Spirale beschrieben, die von innen und oben über die postaxiale Fläche des Humerus nach aussen, unten und vorn lief, beschreiben der M. extensor antibrachii triceps, mit seinem Caput longum, der M. flexor antibrachii biceps, die A. und V. brachialis, der N. medianus und der N. ulnaris nach der Retorsion sämmtlich Spiralen von innen und oben nach aussen, unten und hinten über die praeaxiale Fläche der Extremität.

Als ich die Torsionsverhältnisse des Humerus näher untersuchte, war dies, wie gesagt, das erste, welches mir auffiel. Dies veranlasste mich, die Torsionsverhältnisse des Humerus in der Reihe der Wirbelthiere wie in der individuellen Entwicklung eingehender zu verfolgen. Zunächst ergab sich für die Werthe des Torsionswinkels bei Embryonen und Neugeborenen eine solche Schwankung innerhalb weit gesteckter Gränzen, dass man allerdings alle Mittelwerthe, die bis jetzt gefunden, für provisorische erklären muss. So finden wir z. B. eine Tafel bei GEGENBAUR,[1]) in welcher die Torsionswinkel der Humeri von Embryonen aufgeführt werden, deren Alter zwischen der 16ten und 33sten Woche schwankt. Diese lautet, nachdem ich der Einfachheit halber das Supplement des Torsionswinkels, welches GEGENBAUR giebt, auf den Torsionswinkel selbst reducirt habe:

1. 16te Woche   132°
2. 17 ·   131°
3. 18   130°
4. 19 ·   ..150°
5. 20 ·   132°
6. 24   137°
7. 33 ·   158°
8. 33 ·   . . . . 121°

Welche Unterschiede sind hier zu constatiren! Während man annehmen sollte, dass der Torsionswinkel von 0° dem Alter des Individuum ungefähr direct proportional anwachse, bis er den Werth erreicht habe, den der erwachsene Indogermane als Mittelwerth für den Torsionswinkel des Humerus aufweist, fällt er in dieser Tabelle von der 16ten bis 18ten Woche, statt anzuwachsen, in der 19ten Woche finden wir alsdann eine rapide Steigerung, in der 20sten fällt er auf das Niveau der 16ten zurück. In der 24sten steht er noch auf 137°, nachdem er in der 19ten schon auf 150° gestanden, in der 33sten Woche finden wir zwei Werthe, einen von 158°, der sich begreifen lässt, und einen von 121°, der eine um 11° geringere Torsion aufweist, als sie der Humerus von 16 Wochen, der also mehr als die Hälfte jünger

[*] Jenaische Zeitschrift etc. III. 57.

war, aufweisen konnte. Ich gebe zu, dass individuelle Verhältnisse eine grosse Rolle bei allen derartigen Messungen spielen, dass alle aus derartigen Messungen sich ergebenden Resultate nie einen absoluten, sondern stets nur einen annähernden Mittelwerth repräsentiren, aber solch' enorme Schwankungen, wie sie die gegebene Tabelle aufweist, können weder einen annähernden Mittelwerth geben, noch einer neuen Theorie als haltbare Stützen dienen. Wenn eine progressive Torsion des Humerus während der embryonalen Periode nachgewiesen werden soll, so darf ein Embryo von 33 Wochen nicht Zehn-Elftel des Torsionswinkels aufweisen, den ein anderer von 16 Wochen hat, ohne dass eine besondere Erklärung dieses widersprechenden Factum folgt. So aber geht es weiter: während GEGENBAUR den Mittelwerth des Torsionswinkels am Humerus indogermanischer Embryonen zu 139° findet, wird der von Neugeborenen zu 135°, also noch geringer gefunden, während nach der Torsionstheorie das Gegentheil zu erwarten stand. GEGENBAUR selbst hat sich die Schwierigkeiten durchaus nicht verhehlt, welche aus diesen schwankenden Werthen erwachsen, ist jedoch der Ansicht, dass Angesichts der Thatsache, dass der mittlere Werth des Torsionswinkels am Humerus von Embryonen kleiner als bei Kindern, und der von Kindern wieder kleiner als von Erwachsenen sei, trotz jener Schwankungen eine Drehung des Humerus um seine Längsaxe als erwiesen betrachtet werden müsse. Und wie mir scheint, kann man eine solche Drehung innerhalb gewisser Gränzen trotz der schwankenden Werthe allerdings zugeben, aber diese schwankenden Werthe haben zur Folge, uns an dem progressiven Torsionsprocess am Humerus von 0° bis 168° zweifeln zu machen, und die Winkelschwankungen, die sich zwischen den distalen und proximalen Gelenkaxen des Humerus finden, für ähnliche zu halten, wie sie sich für die Winkel nachweisen lassen, welchen die proximalen und distalen Gelenkaxen anderer Skeletstücke bilden, ohne dass man für letztere hypothetisch eine einst erfolgte Torsion verlangt. Dieser Zweifel wird vermehrt, wenn wir an anderen Skelettheilen, an denen man keine erfolgte Torsion voraussetzt, Spirallinien nachweisen können, die sich um den Knochen schlingen, wie sich die Linea aspera um den Humerus schlingt. Betrachten wir zum Beispiel eine Fibula, so finden wir eine scharfe Kante postaxial am Malleolus von dem Puncte aufsteigen, an welchem das Ligamentum fibulare tali posticum seinen Ansatz nimmt. Von hier schlägt sich diese Linie allmählich immer weiter nach aussen rückend nach oben, indem sie zunächst den lateralen Fasern des M. flexor hallucis longus, dann denen des M. soleus zum Ursprunge dient, um endlich zwischen dem Tuberculum bicipitale und dem Tuberculum peronei longi am Capitulum fibulae ganz nach aussen gelangt zu enden. Mit demselben Rechte wie beim Humerus könnten wir behaupten, diese Linea aspera fibulae sei der Torsionsindex einer einst von aussen nach innen erfolgten Torsion der Fibula, während selbstverständlich das Capitulum fibulae seinen ursprünglichen Stand beibehalten. Mit demselben Rechte könnten wir die Fibula von innen nach aussen retorquiren, kurz mit demselben Rechte in Bezug auf die Torsion alles das mit der Fibula vornehmen, was wir in Bezug auf die Torsion mit dem Humerus vorgenommen haben. Wenn wir nun noch Winkelschwankungen zwischen den Axenebenen finden, welche wir durch die proximale und distale Articulationsfläche der Fibula legen, so ist die Identität vollständig. Und wir finden solche Schwankungen. Die folgende Figur zeigt das in der LUCAE-WELCKER'schen Weise ¹) gezeichnete proximale und distale Gelenkende einer erwachsenen, weiblichen, indogermanischen Fibula. Der stärkere Umriss zeigt das proximale Gelenkende, der schwächere Umriss das distale Gelenkende. Die Axe A B die Axe des proximalen Gelenkes, a b die Axe des distalen Gelenkes. Beide Axen fallen mit der entsprechenden proximalen und distalen Gelenksaxe der Unterschenkelknochen zusammen.

Der Winkel, welchen beide Axen zwischen sich schliessen, beträgt in diesem Falle 31°.

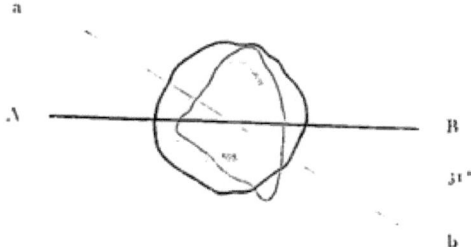

Ich habe noch einige andere Messungen ausführen können, deren Resultat ich hier wiedergebe.
1. 25° linke Fibula eines Mannes.
2. 28° rechte Fibula desselben Mannes.
3. — 2° linke Fibula eines Foetus aus der der 30sten Woche.
4. 5° rechte Fibula desselben Foetus.

¹) Die Art und Weise, wie ich die LUCAE-WELCKER'sche Methode für die Messung des Axenwinkels verwerthete, ist folgende. Die Fibula wurde in einem Glaskasten senkrecht mit dem proximalen Gelenkende nach oben aufgestellt, und zunächst dieses proximale Gelenkende mit der auf dasselbe aufgetragenen Axe des Tibio-fibular-gelenkes gezeichnet. Zugleich wurden jedoch auch dem distalen Gelenkende zwei Stecknadeln eingefügt, und diese sammt dem bei der Aufstellung von oben sichtbaren Theile der distalen Epiphyse in die Zeichnung aufgenommen. Hierauf wurde die Fibula mit dem distalen Ende nach oben aufgestellt, das untere Gelenkende sammt den Nadeln gezeichnet und alsdann die letztere Zeichnung in die erstere übertragen. Die Nadeln selbst waren in der Art in die distale Epiphyse eingefügt, dass eine durch sie gelegte Linie mit der Axe des distalen Unterschenkelgelenkes zusammenfiel.

Wir können ferner derartige Spirallinien an der Tibia, für welche in dieser Hinsicht Dasypus gymnurus ein classisches Beispiel giebt, an der Ulna, ja selbst am Femur nachweisen, für welch' letzteren Knochen sich leicht eine Linie verfolgen liesse, die vom Condylus externus zum kleinen Rollhügel aufsteigt und fast in jeder Hinsicht das getreue Wiederbild der Linea aspera humeri ist. Ja, GEGENBAUR hat die Winkel gemessen, die bei verschiedenen Oberschenkelbeinen zwischen der proximalen Axenebene und der distalen liegen, und die Werthe derselben wie die entsprechenden Winkelwerthe am Humerus zwischen weiten Gränzen schwankend gefunden. Die 6 von GEGENBAUR verzeichneten Werthe sind: 10°, 7°, 17°, 13°, 22°, 4°; MEYER giebt den Werth von 25° an. Kurz man hat ähnliche Winkelschwankungen wie beim Humerus von grosser Excursionsweite und nimmt doch nicht an, dass das Femur einst von 0° auf 14°, der mittleren Proportionale aus obigen 7 Winkelwerthen, sich gedreht habe. Nähme man dies aber an, so thäte man es ohne Begründung. Fassen wir das Gefundene kurz zusammen, so müssen wir, nachdem was wir gesehen haben, als erwiesen Winkelschwankungen ansprechen, die wie bei allen übrigen Röhrenknochen auch zwischen der proximalen und distalen Gelenksaxenstellung des Humerus Statt finden, eine Torsion des Humerus dagegen, wie sie die MARTINS-GEGENBAUR'sche Theorie verlangt, in der embryonalen und postembryonalen Entwickelung eines indogermanischen Humerus bis jetzt für unerwiesen erklären. Die Gränzen dieser Winkelschwankung sind nach GEGENBAUR 121° und 178°. Unter 121° und über 178° ist keiner beim embryonalen noch erwachsenen Menschen gemessen. Kein Winkel von 90° ist für den Menschen beobachtet und vom Winkel von 0° ist nicht die Rede. Und auch in der Reihe der Wirbelthiere, also in phylogenetischer Entwickelung gestalten sich die Winkelverhältnisse der proximalen und distalen Humerusaxen nicht günstiger für die MARTINS-GEGENBAUR'sche Torsionstheorie des Humerus. Die MARTINS'sche Angabe für diese Verhältnisse ist folgende: Bei den Reptilien, Vögeln und Fledermäusen beträgt die Torsion des Humerus 90°, bei den Säugethieren mit Ausnahme der Fledermäuse 180°. Bei den Säugethieren ist jedoch zwischen zwei verschiedenen Zuständen des proximalen Gelenkendes des Humerus zu unterscheiden, was aber auf das distale Gelenkende, welches immer um 180° torquirt ist, keinen Einfluss hat. Bei den schwanzlosen Catarrhinen ist nämlich, wie wir schon oben für den Menschen gesehen haben, die Torsion des proximalen Gelenkendes gleich 0, bei den übrigen Säugethieren jedoch mit Ausnahme der Fledermäuse tritt eine Drehung des proximalen Gelenkendes von 90° ein. Hypothese auf Hypothese. GEGENBAUR schon hat den fundamentalen Irrthum in dieser Behauptung aufgedeckt. Er sagt, die Stellung der Scapula muss hierbei zuerst berücksichtigt werden. Und in der That möchte ich der Stellung der Scapula, welche bei den verschiedenen

Wirbelthieren ganz ausserordentlich verschieden ist, einen noch höheren Werth beilegen als Gegenbaur, da ohne Frage die Stellung des Schultergürtels und die Orientirung der Cavitas glenoidalis Scapulae zur Scapula einen massgebenden Einfluss auf die proximale Gelenkverbindung des Humerus, hierdurch auf die Axe der proximalen Articulationsfläche des Oberarmes und hierdurch wieder auf den Winkel besitzen, den die proximalen und distalen Gelenksaxen des Humerus einschliessen. Es wird das causale Moment der Winkelschwankung zwischen der proximalen und distalen Axe des Humerus nicht nur in der durch Anpassung allmählich sich differencirenden Verwendung der vorderen freien Gliedmasse zu suchen sein, sondern im gleichen Grade, ja vielleicht in höherem in der Lagerung des Schultergürtels, die wieder durch die complicirtesten Factoren bedingt ist. In der Wirbelthierreihe selbst wird auch von Gegenbaur nicht die schrittweise Zunahme des Torsionswinkels nachgewiesen. Bei Plesiosaurus und Ichthyosaurus finden wir den primitiven Zustand der vorderen freien Gliedmasse. Bei Plesiosaurus ist der Humerus praeaxial mässig convex, postaxial concav, der Radius liegt am Condylus internus humeri, die Ulna am Condylus externus humeri, kurz man hat den Zustand der vorderen freien Gliedmasse, den uns die hintere freie Gliedmasse noch heute am höchsten Wirbelthiere im Wesentlichen unverändert darbietet. Und dennoch ist nicht bewiesen, dass dieser primitive Zustand durch radio-postaxiale Torsion zu demjenigen Zustande geführt hat, den wir ihn in der Quartär-Zeit bei den Wirbelthieren von den Amphibien aufwärts antreffen. Von dem Torsionswinkel des Humerus bei Amphibien sagt Gegenbaur nichts, während Martins, der sie nach dem Vorgange von Merrem noch mit dem Worte Batrachier bezeichnet, nichts als diese Bemerkung für sie hat: Chez les batraciens la torsion est moins marquée que dans les Sauriens, cependant je l'ai constatée . . . . . hier folgen einige Namen, aber keine Zahlen. Bei den Sauropsiden misst Gegenbaur den Torsionswinkel zu ungefähr 90°, es werden jedoch keine Einzelwerthe angegeben. Bei den Mammalien sind die Torsionswinkel grade so divergent und widersprechend, wie sie es für die Embryonen von Indogermanen waren. Während z. B. eine Katze, also ein zonoplacentales, relativ hoch stehendes Säugethier einen Torsionswinkel von 74° für den Humerus aufweist, zeigt eine zweite einen solchen von 87°. Beide Werthe sind stark divergent und unter dem Mittelwerthe des Torsionswinkels, der für die Reptilien gefunden ist. Wir sehen also, dass eine graduelle Zunahme des Torsionswinkels am Humerus der Wirbelthiere weder ontogenetisch, noch phylogenetisch bis jetzt nachgewiesen ist. Besonders eine solche von 0° bis 168° anzunehmen, ist eine Willkühr. Dass die Verhältnisse bei den Enaliosauriern durchaus nicht nur vom Standpunkte der Torsionstheorie des Humerus, sondern auch auf ganz anderem Wege sich erklären lassen, werden wir später sehen.

Als ich die unlösbaren Widersprüche fand, welche sich durch die radio-postaxiale Torsion des Humerus ergeben, untersuchte ich sämmtliche amphipneumonen Wirbelthiere, welche mir im hiesigen zoologischen Museum zugänglich werden konnten, und zu meinem Erstaunen fand ich, dass sich alle Verhältnisse, welche durch die obige Theorie in unheilbare Verwirrung gerathen, auf das leichteste durch einen Process erklären lassen, der sich gradehin durch die ganze Amphipneumonen-Reihe geltend macht.

Ich übergehe in unserer Betrachtung derselben die Dipneusten, welche in Ceratodus den primitiven, in Lepidosiren den dem primitiven zunächst stehenden Zustand der freien Gliedmassen aufweisen, von welchem Primitivverhältnisse sogar die Verhältnisse der Selachierflosse abgeleitet werden müssen. Somit kommen wir zur zweiten Abtheilung der Amphipneumonen, zur fünften Classe der Wirbelthiere, zu den Enaliosauriern. Den einfachsten Zustand finden wir bei Ichthyosaurus. Die vordere freie Gliedmasse ist der hinteren in allen wesentlichen Theilen vollständig homolog. Die Cavitas glenoidalis, durch Scapula und Coracoid gebildet, steht nach hinten, an ihr articulirt der dicke Kopf des kurzen, prismatischen Humerus, der an seinem distalen Ende zwei Facetten aufweist, welche die Gelenkflächen für Radius und Ulna darstellen. Dieses sind kurze flache Knochen. Der Radius liegt am Condylus internus, die Ulna am Condylus externus humeri. Ein Olecranon ist nicht vorhanden. Blicken wir jetzt auf Plesiosaurus, so bemerken wir ein, wenn auch nur geringes Abweichen von diesem Zustande. Die Ulna ist nämlich etwas nach hinten gerückt, der Radius etwas nach vorn; auch ist die Ulna postaxial convex, praeaxial concav, der Radius umgekehrt. Wir verlassen hiermit die Enaliosaurier und gehen zu den Amphibien. Hier finden wir die Abweichung, die wir schon bei Plesiosaurus im Verhältniss zu Ichthyosaurus constatiren konnten, weiter forgeschritten. Die Perennibranchiaten schliessen sich zunächst an jene frühesten Zustände vollständiger Homologie der beiden freien Gliedmassen an. Der Radius liegt um ein geringes vor der Axe. Die Ulna um eben so viel hinter derselben. Die proximale Apophyse der Ulna erhebt sich etwas über die Axe des Brachio-antibrachialgelenkes. Diese Zustände sind fast identisch mit denen, welche die Jugendzustände der Derotremen und Salamandrinen und die Larven der Anuren darbieten. (OWEN.) Bei den letzteren bemerkt man allmählig eine Verschmelzung der antibrachialen und cruralen Skeletstücke zu je einem antibrachialen und cruralen Knochen. Die erwachsenen Anuren zeigen diese Verschmelzung vollständig mit Ausnahme des distalen antibrachialen Gelenkendes, an dem man noch die Constituenten unterscheiden kann. Der Radius lässt sich deutlich nach innen verfolgen, seine grössere Partie aber liegt vor der Ulna, so dass die Anuren einen abermaligen Fortschritt jener in obigem Sinne, das heisst im radio-praeaxialen Sinne, vor sich gehenden Verschiebung der Unterarmknochen nachweisen lassen. Labyrinthodonten waren mir nicht zugänglich. Den Gymnophionen fehlen Gürtel und Gliedmassen.

Zu bemerken ist noch, dass die erwachsenen Anuren ein deutliches Olecranon entwickelt haben, an welches sich der post-axiale M. extensor antibrachii triceps heftet. In der Kapsel des Brachio-antibrachialgelenkes ist an der Stelle, wo die Cubitalsehne des Extensor triceps an dieselbe tritt, eine faserige Scheibe eingesetzt, welche nicht dem Olecranon, denn das ist ausserdem vorhanden, sondern einem supraanconaealen Sesambeine functionell und morphologisch entspricht. Der Processus coronoideus wird vom Radius gebildet [1], nicht wie beim Menschen von der Ulna; es setzt sich an ihn die Radialsehne des M. sterno-radialis, der dem M. flexor antibrachii biceps der Säugethiere entspricht.

Wir wenden uns zu den Sauropsiden. Die Chelonier zeigen eine erhebliche Modification am Humerus, in Anpassung an die differenten Verhältnisse, die durch das epidermoidale Exo-Skelet bedingt sind. So muss sich die vordere freie Gliedmasse buchstäblich zwischen Rücken- und Bauchpanzer hervorwinden, wodurch ein Knick zwischen der proximalen und distalen Hälfte des Humerus entsteht, dessen Winkel bei einigen Genera fast gleich einem Rechten ist. Dass hierbei Axenschwankungen des ausgiebigsten Characters zwischen dem proximalen und distalen Gelenkende eintreten, ist augenscheinlich. Alles jedoch in Betracht gezogen und auf ursprüngliche Verhältnisse reducirt lässt den Radius bei Cheloniern noch nicht soweit nach vorn und aussen gerückt sein, wie bei Anuren, ein Factum, das leicht durch die Descendenztheorie zu erklären ist. Bei den übrigen mit vorderen Gliedmassen versehenen Reptilien geht der Process weiter, wie dies die später folgende Zeichnung des Armskeletes von Crocodilus niloticus zeigt, bis endlich bei den Pterosauriern der Radius ganz nach vorn, die Ulna ganz nach hinten gerückt ist. Dieses Verhältniss finden wir noch bei den Ratiten, bei denen übrigens die Ulna schon etwas nach innen abschweift.

Bei den Carinaten liegt der mässig entwickelte Radius nach vorn und abermals etwas mehr nach aussen, die starke Ulna nach hinten und innen. Unten den Sauropsiden ist das Olecranon sehr verschieden entwickelt. Bei einigen stark ausgesprochen, ist es bei anderen nur schwach in Erscheinung getreten. Bei den Sauriern ist es meist hoch und schmal, bei den Crocodilinen niedrig und dick. Bei den Vögeln ist das Olecranon meist schwach entwickelt, das Auftreten eines supra-anconaealen Sesamoid in der Cubitalsehne des M. extensor antibrachii triceps wird bei einigen Species beobachtet.

---

[1] Vergleiche ECKER, Anatomie des Frosches. 1. Abtheilung, pag. 51.

Wir kommen zur neunten Classe der Vertebraten, den Säugethieren, welche mit den Reptilien zugleich von den Amphibien abzuleiten sind. Und so finden wir in der That bei den Ornithodelphen einen Zustand der antibrachialen Knochenbeziehungen, den man an die Amphibien anschliessen darf. Reducirt man zum Beispiel bei Echidna die durch Anpassung differencirte Lage des Humerus gegen die Vertebrosternal-Axe, durch welche der Scheitel des Cubitalwinkels mit dem colossalen Olecranon nach aussen zu liegen gekommen ist, so finden wir, dass der Radius vor der Ulna, doch etwas nach innen liegt. Bei den Didelphen ist der Process weiter vorgeschritten und der Radius immer noch vor der Ulna befindlich etwas nach aussen gerückt. Unter den Monodelphen zeigen die Edentaten, zumal Dasypus, einen Zustand, den man, wenn er nicht durch secundäre Rückanpassung erklärt werden kann, was aber das wahrscheinlichste ist, direct an die Verhältnisse von Amphibien anschliessen muss. Bei Dasypus gymnurus liegt der Radius innen, die Ulna aussen, der Condylus internus humeri bietet eine Eminentia capitata für den Radius, der Condylus externus humeri eine Trochlea für die Ulna. In dem Anschluss an die Amphibien muss jedoch mit grosser Vorsicht verfahren werden, da diese eigenthümliche Säugethierklasse die heterogensten Anpassungsscheinungen auch in ihrem übrigen Skeletbau aufzuweisen. Ich erinnere nur an die Verwirrung, die in der Ansicht über das distale Unterschenkelgelenk dieser Thiere bis auf HUXLEY geherrscht hat. Zu bemerken ist noch, dass das colossale Olecranon bei Monotremen, verschiedenen Marsupialien und Edentaten nur zum allergeringsten Theil durch die proximale Apophyse der Ulna, sondern zum grössten Theil durch die Diaphyse derselben gebildet wird, indem diese sich wie bei Edentaten fast um einen eben so grossen Abstand über die Articulatio humero-radialis verlängert, wie sie ihn in der Ausdehnung vom distalen zum proximalen Gelenkende besitzt. Die Indeciduaten liefern neue interessante Verhältnisse für die gegenseitigen Beziehungen der Unterarmknochen. Bei den Artiodactylen nämlich liegt der Radius grade vor der Ulna und besitzt zwei Gelenkfacetten für die Trochlea und Eminentia capitata. Die Ulna ist schwach entwickelt und zum Theil verschwunden im distalen Theil, am proximalen findet man das starke Olecranon.

Bei den Tylopoden und den Einhufern ist das distale Ende der Ulna vollständig verkümmert, die proximale Partie desselben mit dem Olecranon liegt dem Radius fest verschmolzen nur nach aussen abweichend an. Die Sirenen hingegen bilden die Brücke zu den Cetaceen, bei denen einzelne Skeletelemente der vorderen freien Gliedmasse ausserhalb jeder Gelenkverbindung treten können. Die Cetaceen besitzen Radius und Ulna, letztere ein schwach angedeutetes Olecranon. Der Radius liegt grade vor der Ulna.

Unter den Deciduaten articulirt der Radius am Condylus externus humeri, die

Ulna am Condylus internus. Doch ist ein allmähliches Fortrücken des Radius von innen nach aussen und der Ulna von aussen nach innen auch hier nachzuweisen. Bei Chiropteren ist das distale Ende der Ulna rudimentär, das proximale gering mit schwachem Olecranon entwickelt. Ueber dem Olecranon befindet sich bei Pteropus ein supraanconaeales Sesamoid des Tendo communis extensorius antibrachii. Bei verschiedenen Deciduaten hingegen hauptsächlich bei Prosimien und Primaten sehen wir eine neue Erscheinung schrittweise sich heranbilden. Es tritt hier nämlich das allmähliche Streben auf, die Kreuzung der Unterarmknochen, die durch die radio-praeaxiale Verschiebung derselben eingetreten ist, durch eine Supination zu corrigiren. Ein ähnliches Streben haben wir schon für einige Edentaten beobachtet. Zu diesem Zwecke entfernen sich die antibrachialen Skeletstücke, die bisher hart oder nahe an einander lagen, weiter von einander, das Spatium interosseum wird relativ weiter, kurz durch Adaptation treten Bedingungen auf, welche der Supinationsmöglichkeit sich günstig erweisen. Diese beginnt bei Lemuren, wächst bei Menocerken und Anthropoiden, um endlich beim Menschen ihren höchsten Grad zu erreichen.

Werfen wir jetzt einen Rückblick auf die relativen Beziehungen der Unterarmknochen, wie wir sie in der Reihe der Amphipneumonen gefunden haben, so sieht man, wie aus den gegebenen Factis ein stetig fortschreitender Process in der gegenseitigen Stellung des Radius und der Ulna sich nachweisen lässt. Bei den Plesiosauriern lag der Radius innen, die Ulna aussen, bei den Reptilien und niederen Säugethieren lag im Allgemeinen der Radius vorne, die Ulna hinten, bei den discoplacentalen Säugethieren lag der Radius aussen, die Ulna innen. Zwischen dem ersten Stadium, dem der Plesiosauren, und dem zweiten, dem der Reptilien und niederen Säugethiere sind alle möglichen Uebergänge bei den Amphibien zu finden, zwischen dem zweiten und dritten, dem der discoplacentalen Säugethiere, finden wir in den niederen Säugethierstufen die verbindenden Uebergangsformen. Im ersten Stadium ist also, da es das ursprüngliche Stadium ist, keine Verschiebung der Unterarmknochen vorhanden, die Verschiebung ist o, im zweiten Stadium hingegen finden wir gegen das erste Stadium eine Verschiebung von 90°, im dritten abermals von 90° gegen das zweite, von 180° also gegen das erste. Diese drei Stadien sind in folgender Zeichnung wiedergeben, in welcher ich, um Radius und Ulna leicht unterscheiden zu können, die proximalen Epiphysen derselben, wie sie beim Menschen in Erscheinung treten, in Anwendung gebracht habe.

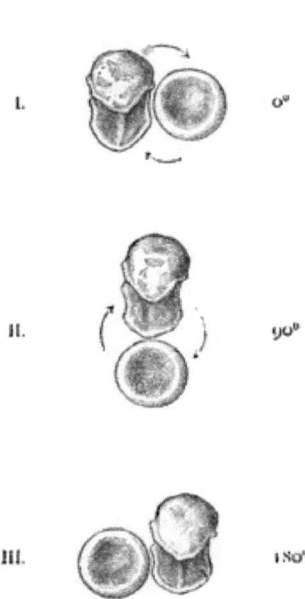

Wir haben jedoch noch eins zu beachten. Im Stadium I liegen das proximale und das distale Ende des Radius innen, im Stadium II liegt das proximale vorne, das distale innen, im Stadium III aber sind zwei Zustände zu unterscheiden, die mit III a und III b bezeichnet werden können. Das Stadium III a, selbstverständlich das primäre, weist das proximale Gelenkende des Radius aussen, das distale innen auf. Das distale Ende ist also vom Plesiosaurus her innen geblieben, während die anfänglich 90gradige, dann 180gradige Verschiebung nur das proximale Gelenkende des Radius betraf. Dadurch ist aber bei der 180gradigen Verschiebung des proximalen und der 90gradigen Verschiebung des distalen Gelenkendes, welchen Zustand das Stadium III a vorstellt, eine vollkommene Kreuzung der Skelettheile des Unterarms eingetreten, während im Stadium I die Knochen als parallel betrachtet werden dürfen. Das Stadium II jedoch zeigt weder einen Parallelismus noch eine Kreuzung des Radius und der Ulna. In diesem Stadium bilden Radius und Ulna einen Winkel, dessen Scheitel innerhalb der Berührungsfläche der proximalen Gelenkenden zu suchen ist. Dieses Stadium möchte ich daher das Stadium der halben Kreuzung nennen. Der

Grund, wesshalb in den Stadien I, II und III a, welch letzteres Stadium die meisten Säugethiere mit Ausnahme der Prosimien und Primaten repräsentiren, nur das proximale Gelenkende des Radius sich verschiebt und nicht das distale, und so also halbe und ganze Kreuzung der Skelettheile des Unterarmes in Erscheinung treten, ist offenbar darin zu suchen, dass die vordere freie Gliedmasse in diesen Stadien hauptsächlich noch als Stützorgan in Verwendung gebracht wird, zu diesem Zwecke aber die Palma manus gegen den Boden stehen, der Daumen und mithin auch das distale Gelenkende des Radius nach innen gerichtet bleiben muss. Bei Prosimien und Primaten aber tritt ein neuer Zustand auf. Die Hand wird zum grössten Theile als Greiforgan verwendet. Die eingetretene Kreuzung wird corrigirt durch die Supination. Bei vollständig vom Menschen ausgeführter Supination hat nun auch das distale Gelenkende 180° um die Ulna beschrieben, bei welchem Process im Gegensatze zum früheren nunmehr das proximale Gelenkende des Radius seinen Stand unverändert jedoch rotirend beibehält. Ist die Supination nur um 90° ausgeführt (welchen Zustand man als Semisupination, auch, aber weniger gut als Semipromation bezeichnen kann), so liegt das proximale Gelenkende des Radius aussen von der Ulna, das distale Gelenkende vor der Ulna. Dieser Zustand der halben Supination ist aber nicht zu verwechseln mit dem Zustande der halben Kreuzung, in welch' letzterem das proximale Ende des Radius vor der Ulna, das distale innen von der Ulna liegt. Diesen Fehler findet man vielfach in vergleichend anatomischen Schriften verbreitet. So z. B. sagt man vom Frosch seine Unterarmknochen ständen in Semipronation. Im Stadium III b, dem Stadium der vollendeten Correction der Kreuzung, die durch die 180° alleinige Verschiebung des proximalen Gelenkendes entstand, kann man die Skelettheile des Unterarmes wieder als zu einander parallel betrachten, so dass also vom Stadium I bis zum Stadium III a eine theilweise Verschiebung der Unterarmknochen von 0°—180°, im Stadium III b eine vollständige Verschiebung derselben in Erscheinung tritt. Ich gebe hier die bezüglichen Zeichnungen, in denen ich des leichteren Ueberblickes wegen die Umrisse des Radius und der Ulna nehme, wie sie vom Menschen her bekannt sind. Das Stadium der Semisupination habe ich zwischen die Stadien III a und III b eingeschaltet, es aber unbezeichnet gelassen, da es kein bei irgend einem Thiere stationäres Stadium vorstellt.

Die Grade am Olecranon zeigen die Verschiebung der proximalen Gelenkenden, die Grade am Processus styloides radii die Verschiebung der distalen Gelenkenden an.

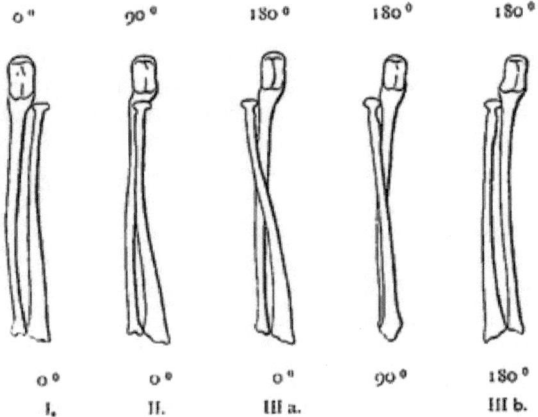

Fassen wir nun diesen Nachweis über die allmähliche Verschiebung der Unterarmknochen bei den Amphipneumonen im Gegensatz zur MARTINS-GEGENBAUR'schen Torsionstheorie des Oberarmes in's Auge, so ergiebt sich folgender fundamentale Unterschied. Indem MARTINS und GEGENBAUR annahmen, dass die Torsionsspirale der Linea aspera humeri durch Torsion des Humerus bei festliegendem, sei es Caput anatomicum, sei es Caput chirurgicum entstanden sei, mussten sie zur Ansicht kommen, dass das distale Gelenkende und passiv mit ihm das übrige distale Skelet der vorderen freien Gliedmasse sich radio-post-axial um die Längsaxe des Humerus gedreht habe. Wir hingegen liessen dem Humerus seine ursprüngliche Lage, oder gaben ihm vielmehr nur Winkelschwankungen zwischen der proximalen und distalen Axe seiner Gelenkenden zu, sahen dagegen, dass der Radius und die Ulna ihrerseits eine gegenseitige Verschiebung erlitten. Diese Verschiebung ging in dem Sinne vor sich, dass der Radius praeaxial, die Ulna postaxial rückte, und wir erkennen somit, dass, während die Torsionstheorie des Humerus eine radio-postaxiale Torsionstheorie ist, die Verschiebung der Unterarmknochen, wie wir sie durch die Reihe der Amphipneumonen verfolgt haben, im Gegensatz zur radio-post-axialen Torsionstheorie eine radio-praeaxiale Verschiebung derselben betrifft. Wir können uns diesen fundamentalen Unterschied beider Ansichten kurz durch ein kleines Schema vergegenwärtigen, welches das gegenseitige Verhalten der proximalen Gelenkenden der Unterarm-

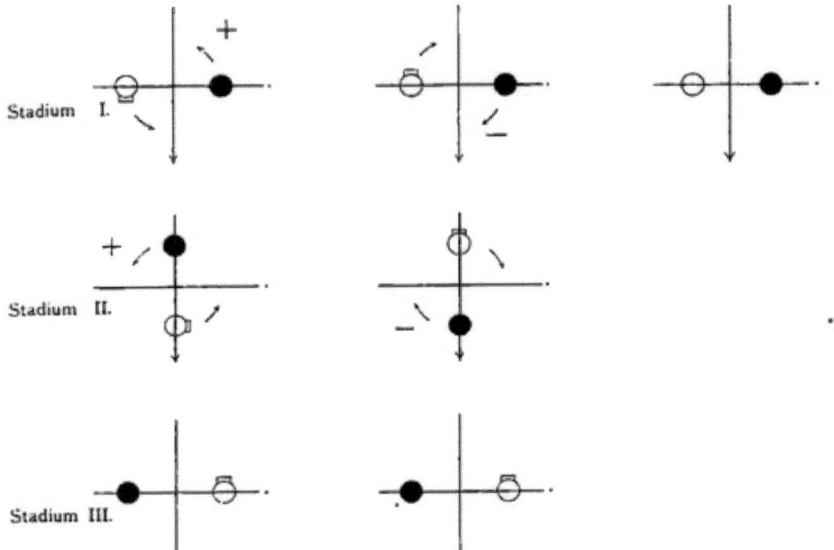

knochen in beiden Theorien wiedergiebt. Zugleich ist das unverändert bleibende Verhalten der Unterschenkelknochen hinzugefügt. Die schwarze Kugel bezeichnet den Radius, die weisse die Ulna, das Viereck an der Ulna deutet auf den Stand des Olecranon. Die Tibia ist wie der Radius, die Fibula wie die Ulna gezeichnet.

Der Punct an der horizontalen Axe zeigt die Richtung nach innen, der Pfeil an der verticalen Axe giebt die praeaxiale Richtung an.

Zum Vergleich sind wie immer die Knochen der rechten Gliedmassen genommen.

Aus diesen Schematen ergiebt sich leicht, dass man den Unterschied zwischen der MARTINS-GEGENBAUR'schen Torsionstheorie des Humerus und der Ansicht von der Verschiebung der Antibrachialskelettheile noch kürzer fassen kann, indem man die Sinuswerthe der Bogen vergleicht, welche die antibrachialen Skeletstücke in beiden Ansichten beschreiben. Nach der MARTINS GEGENBAUR'schen Theorie nämlich wachsen die Sinus der Radialbogen von o auf $+ 1$, um alsdann von $+ 1$ auf o wiederum zu fallen. Nach der Ansicht von der Verschiebung der antibrachialen Skeletstücke hingegen wachsen die Sinus der Radialbogen von o auf $- 1$, um alsdann von $- 1$ auf o zu fallen. Die Sinuswerthe der Ulnarbogen zeigen selbstverständlich das entgegengesetzte Verhalten. Wir erhalten somit folgende kleine Tabelle:

MARTINS-GEGENBAUR'sche Torsionstheorie des Humerus.		Ansicht von der Verschiebung der antibrachialen Skelettheile.	
Sinus der Radialbogen.			
Stadium I	o	Stadium I	o
" II	$+1$	" II	-1
III	o	" III	o
Sinus der Ulnarbogen.			
Stadium I	o	Stadium I	o
" II	-1	" II	$+1$
III	o	" III	o

Noch auf eins ist hier aufmerksam zu machen. Wir haben nämlich gesehen, dass in der Reihe der Amphipneumonen Radius und Ulna ihre ursprüngliche parallele Stellung aufgeben, dass durch die 180gradige Verschiebung des proximalen Radiusendes eine Kreuzung der antibrachialen Skeletstücke eintritt, und dass erst später in den entwickeltsten Classen der Säugethiere diese Kreuzung durch Supination corrigirt werden kann. Die gekreuzte Stellung der antibrachialen Skeletstücke bezeichnet der Entwicklung nach einen früheren Zustand als die supinirte. Betrachten wir jedoch diese Verhältnisse vom Standpuncte der MARTINS-GEGENBAUR'schen Torsionstheorie des Humerus, so sehen wir, dass Radius und Ulna passiv und in paralleler Stellung um die Axe des Unterarmes gedreht werden, dass also der Radius nach erfolgter 168gradiger Drehung noch parallel der Ulna liegt. Soll nun die Pronation eintreten, so muss das distale Gelenkende einen abermaligen Bogen von $180°$ um die Ulna beschreiben[1]).

---

[1]) Vergl. MARTINS nouvelle comparaison etc. pag. 489. MARTINS sagt an dieser Stelle: Toutefois, si à la rotation axe de 180° due à la torsion de l'humérus, nous ajoutons les 180° que le pouce décrit pendant le mouvement de pronation de l'avant-bras, nous trouvons que dans la transformation organique du membre postérieur en membre antérieur, l'apophyse styloïde du radius a décrit une circonférence tout entière.

Wir sehen also, dass nach der MARTINS-GEGENBAUR'schen Ansicht die durch die Pronation erfolgte Kreuzung der antibrachialen Skeletstücke als späterer Zustand aufgefasst werden muss. Die parallele Lage des Radius und der Ulna, wie wir sie bei der supinirten Hand finden, wäre demnach zufolge der MARTINS-GEGENBAUR'schen Theorie die frühere. Dieses widerspricht aber der Einsicht, die wir über diese Verhältnisse in der Reihe der Amphipneumonen gewonnen haben. In der Reihe der Wirbelthiere geht eben die gekreuzte Stellung der Unterarmknochen der endlichen parallelen voran. Es ist dies ein neuer Beweis gegen die MARTINS-GEGENBAUR'sche Torsionstheorie des Humerus.

Wir wollen nun, wieder der Einfachheit halber, an einer menschlichen vorderen freien Gliedmasse, die radio-præ-axiale Rückverschiebung des Radius und der Ulna vornehmen. Der Humerus bleibt hierbei unverändert. Wir bringen also den Radius und die Ulna zunächst in das Stadium III a, das heisst in das Stadium der Kreuzung, hierauf in das Stadium II, das Stadium der halben Kreuzung, und endlich in das Stadium I, das Stadium des radio-internen Parallelismus. Betrachten wir nunmehr, was mit den hauptsächlichsten Weichtheilen bei dieser radio-præ-axialen Rückverschiebung der Unterarmknochen vorgegangen ist, wie wir oben die Veränderungen in der gegenseitigen Lage der Weichtheile bei der radio-post-axialen Retorsion des Humerus ins Auge fassten. Der ganze M. flexor antibrachii biceps bleibt bei dieser radio-præ-axialen Rückverschiebung der Unterarmknochen vor der Axe des Humerus und des Antibrachium; der M. extensor antibrachii triceps hingegen bleibt hinter der Axe. Der Unterschied ist nur, dass während vor der Rückverschiebung die Radialsehne des Biceps sich aussen, die Cubitalsehne des Triceps hingegen sich innen befand, nach der Rückverschiebung das umgekehrte Verhältniss eingetreten ist. Die A. und V. brachialis gelangen nach ausgeführter Rückverschiebung von der præaxialen Seite der Oberarmes auf die postaxiale des Unterarmes, genau wie die A. und V. femoralis sich von der præaxialen Seite des Oberschenkels auf die postaxiale des Unterschenkels schlagen. Auf dieselbe Weise gelangen der N. medianus und der N. ulnaris von der præaxialen Seite des Humerus auf die postaxiale des Unterarmes. Kurz, wenn man den nunmehr rückverschobenen Unterarm und die durch diesen Vorgang bedingten Veränderungen mit den an der hinteren Extremität unverändert gebliebenen Zuständen in einen Vergleich zieht, so sieht man (bis auf den N. radialis, auf den wir gleich zu sprechen kommen werden), ein beinahe vollständig gleiches Verhalten der vorderen und hinteren Extremität. Die folgende Figur soll dies verdeutlichen. Man sieht wieder vordere und hintere freie Gliedmasse in ihrem heutigen Zustande, dazwischen das durch die Rückverschiebung der Unterarmknochen restituirte primitive Armskelet, welches mit dem unverändert gebliebenen Skelet der hinteren Extremität übereinstimmt.

Wie man in der zweiten Figur sieht, hat bei der radio-præ-axialen Rückverschiebung die Radialsehne des M. flexor brachii biceps etwas um den Knochen herumgegriffen, und sich so an den Radius gesetzt, wie sich noch heute die Radialsehne des M. sterno radialis bei Anuren an den Radius heftet.

Ansicht der radio-præ-axialen Verschiebung der antibrachialen Skeletstücke.

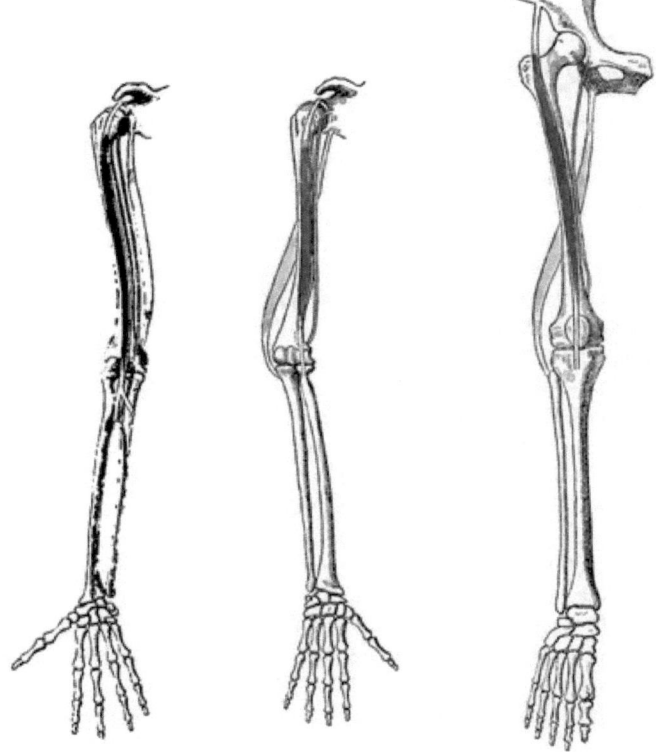

Vor der Rückverschiebung. Nach der Rückverschiebung.

Es fällt uns jedoch beim aufmerksamen Betrachten dieser Figuren alsbald eine Thatsache auf, die von grosser Wichtigkeit ist. Vergleichen wir nämlich II und III, denn diese müssen wir vergleichen, so sehen wir, dass der praeaxiale Muskel der vorderen Extremität vorne von der Scapula herabläuft, um sich mit seiner Endsehne an den innen liegenden Radius zu setzen. So sehen wir, dass der praeaxiale Muskel der hinteren Extremität vorne von dem der Scapula homologen Os ilium herabläuft, um sich mit seiner Endsehne an die dem Radius entsprechende, innen liegende Tibia zu setzen. Somit sind diese Muskeln homolog. Somit ist also der M. flexor antibrachii biceps das Homologon des M. extensor cruris quadriceps[1]). So sehen wir zweitens, dass der postaxiale Muskel der vorderen Extremität hinten von dem Schultergürtel herabläuft, um sich mit seiner Endsehne an die aussen liegende Ulna zu setzen. So sehen wir, dass der postaxiale Muskel der hinteren Extremität hinten von dem Beckengürtel herabläuft, um sich mit seiner Endsehne an die der Ulna entsprechende aussen liegende Fibula zu setzen. Somit sind auch diese Muskeln homolog. Somit ist also der M. extensor antibrachii triceps das Homologon des M. flexor cruris biceps[2]). Um diese Verhältnisse ganz klar zu machen, will ich die GEGENBAUR'schen Schemata über die Verschiedenartigkeit in der Extremitätenstellung der Amphirrhinen wiedergeben, zugleich ein fünftes Schema den Menschen betreffend hinzufügen, in den vier letzten aber ausserdem noch Radius und Ulna, Tibia und Fibula dadurch andeuten, dass Radius und Tibia mit starkem Striche, Ulna und Fibula mit feinem Striche gerissen werden. Zugleich zeigen sämmtliche 5 Schemata zusammen den allmählichen Fortschritt in der Verschiebung der antibrachialen Skeletstücke und das homologe Verhalten der praeaxialen und postaxialen Muskeln beider Gliedmassen.

Von den Amphibien an bemerkt man, dass der Winkel zwischen Oberarm und Unterarm unverändert nach vorne offen bleibt, während der Winkel zwischen Oberschenkel und Unterschenkel durch Anpassung an die hauptsächlich stützende Function der hinteren Extremität seinen Scheitel nach vorne, seine Oeffnung nach hinten erhält. Die einzelnen Schemata stellen folgende Thiere vor: A. Fisch. B. Amphibium. C. Reptilium. D. Löwe. E. Mensch.

---

[1] Dass dieses keine vollständige, sondern nur eine theilweise Homologie ist, indem der M. flexor antibrachii biceps + M. flexor antibrachii brachialis anticus dem M. sartorius + M. extensor cruris quadriceps entspricht, werden wir später sehen. Der Einfachheit wegen sind hier noch die gleich ins Auge fallenden partiellen Homologien gesetzt.

[2] Dass auch dieses keine vollständige, sondern eine theilweise Homologie ist, wird später gezeigt werden. Der M. extensor antibrachii triceps entspricht nämlich in totaler Homologie dem M. flexor cruris biceps + M. semitendinosus + M. semimembranosus.

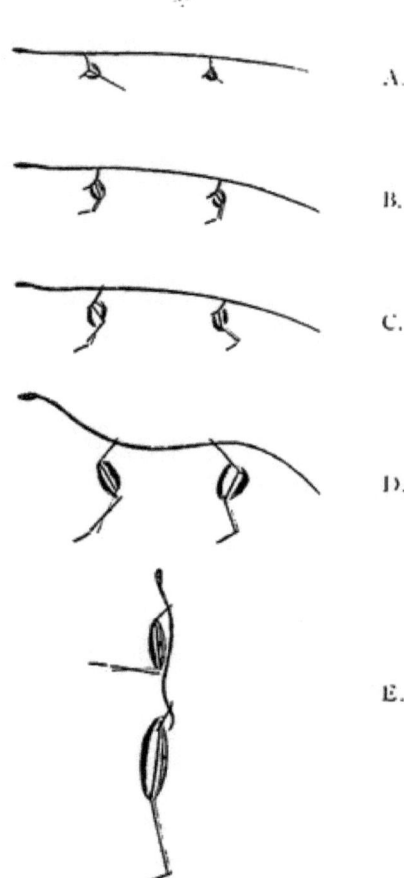

Wir müssen uns jedoch zu unserem Vergleiche der Verhältnisse zurückwenden, welche uns einerseits an dem nach MARTINS und GEGENBAUR retorquirten Humerus, andererseits an den von uns zurückverschobenen Skelettheilen des Unterarmes für die vordere freie Gliedmasse entgegentraten. Wir sahen nämlich schon am Anfange dieser unserer Voruntersuchung, dass durch die nach der MARTINS-GEGENBAUR'schen Theorie ausgeführten Retorsion des Humerus zwar der N. radialis und die ihn begleitenden Organe retorquirt, dagegen aber die Muskeln, die A. und V. brachialis, der N. medianus und der N. ulnaris in die widersprechendsten Lagen gebracht werden. Andrerseits haben wir gesehen, dass die radio-praeaxiale Rückverschiebung des Radius und der Ulna erstens phylogenetisch gerechtfertigt ist, und dass durch sie zweitens die vordere Gliedmasse in jeder wichtigeren Hinsicht mit scheinbarer Ausnahme des N. radialis auf den ursprünglichen Zustand der unverändert gebliebenen hinteren Extremität reducirt wird. Wir wollen somit den N. radialis von diesem Standpuncte aus ins Auge fassen. Wir sahen also, dass die Spirale, welche der N. radialis um dem Humerus schlägt sammt der Linea aspera durch die radiopost-axiale Retorsion des Humerus abgewickelt wurde. Wir wollen nunmehr auch die Veränderungen betrachten, welche durch die radio-prae-axiale Rückverschiebung der antibrachialen Skelettheile in den Lagerungsbeziehungen des N. radialis eintreten. Schieben wir also im radio-prae-axialen Sinne die Unterarmknochen um einander zurück, nachdem wir vorher die Hand in Pronation gebracht haben, und legen auf diese Weise den umgekehrten Weg zurück, welchen die Entwicklung phylogenetisch eingeschlagen, so bemerken wir folgendes: Im Stadium III b, dem Stadium des radioexternen Parallelismus schlägt der N. radialis, das heisst selbstverständlich sein am proximalen Theile des Unterarmes die A. radialis begleitender Ast, eine Spirale von $180°$[1]) um die Längsaxe der vorderen freien Gliedmasse. Im Stadium der Semisupination schon beträgt diese Spirale $270°$, im Stadium III a, dem Stadium der Kreuzung, $360°$. Durch die 180gradige Verschiebung, welche nun vom Stadium III a bis zum Stadium I das proximale Stück des Radius erleidet, wird die Radialspirale um die Längsaxe der vorderen freien Gliedmasse in Bezug auf ihren Bogenwerth nicht mehr verändert. Nach ausgeführter radio-prae-axialer Rückverschiebung der antibrachialen Skeletstücke also beschreibt der N. radialis eine Spirale von $360°$ um die Längsaxe der vorderen freien Gliedmasse. Die folgende Zeichnung soll diese Verhältnisse darthun. No. 1 ist die unverändert gelassene vordere freie Gliedmasse, No. 2 die nach der MARTINS-GEGENBAUR'schen Theorie retorquirte, No. 3 die nach unserer Ansicht zurückverschobene vordere Extremität, No. 4 die den primitiven Zustand vorstellende unverändert gebliebene hintere Extremität.

[1] Diese Zahl giebt wie alle auf die Spirale des N. radialis bezüglichen Zahlen nur einen annähernden, nie einen absoluten Werth.

Verhalten des N. radialis und des N. fibularis.

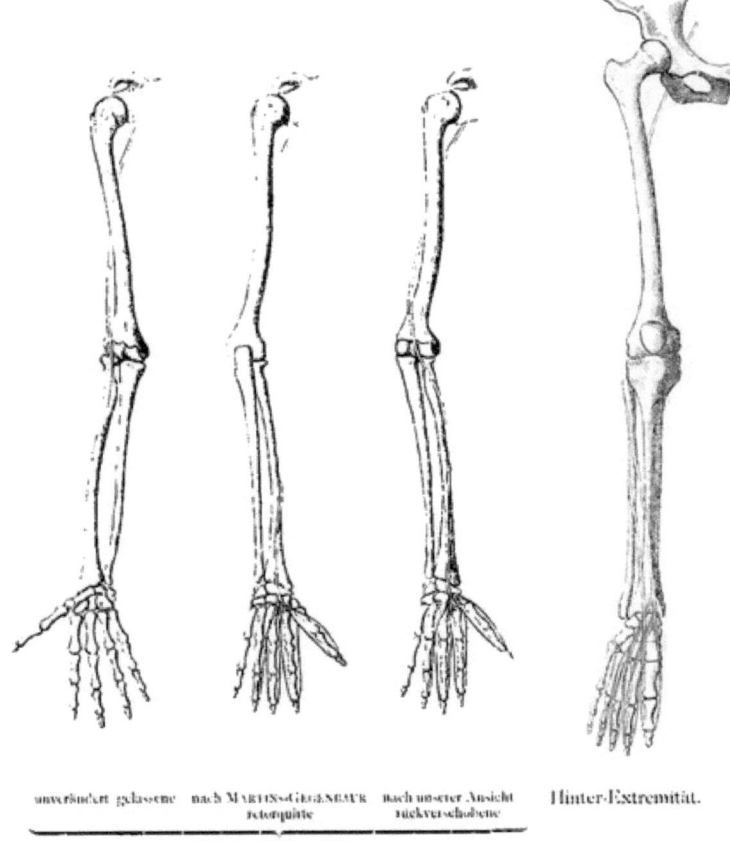

unverändert gelassene   nach MARTINS-GRANAUER   nach unserer Ansicht   Hinter-Extremität.
Tetenquelle   rückverschobene

Vorder-Extremität.

Als ich diese Untersuchung zuerst anstellte, machte mich diese seltsame 360gradige Spirale, welche der N. radialis nach der Rückverschiebung um die Längsaxe der vorderen Extremität beschreibt, an der Richtigkeit meines Vorgehens zweifeln. Allerdings waren durch eben diese radio-præ-axiale Rückverschiebung, wie wir gesehen haben, die sämmtlichen wichtigeren Organe des Humerus und des proximalen Antibrachiums in genau homologe Stellung zu dem primitiven Verhalten der hinteren freien Gliedmasse gebracht. Allerdings beschreibt ja der N. radialis noch heute beim Menschen im Stadium der Pronation eine Spirale von 360° um die Längsaxe der Vorder-Extremität. Dieses war mir jedoch nicht genügend. Ich untersuchte daher auf das Eingehendste die Lagerungsbeziehungen des N. radialis bei einer Wirbelthierclasse, von der ich annehmen durfte, dass sie den primitiven Extremitäten-Verhältnissen der Ichthyosaurier näher ständen, als irgend eine andere jetzt lebende Wirbelthierclasse. Ich untersuchte somit verschiedene Amphibien und fand zu meinem Erstaunen, dass der N. radialis bei diesen Thieren in der That eine Spirale von ungefähr 270° um die Längsaxe der vorderen freien Gliedmasse beschreibt¹). Diese ungefähr 270gradige Spirale des N. radialis entspricht der ungefähr 90gradigen Verschiebung der Unterarmknochen, welche sich eben im Stadium II, dem Stadium der halben Kreuzung befinden, und wir erhalten somit den wichtigen Satz, dass der Bogenwerth der radio-præ-axialen Verschiebung der Unterarmknochen und der Bogenwerth der Radialnervenspirale um die Längsaxe der Vorderextremität sich gegenseitig zu 360° ergänzen. Oder kürzer die algebraische Summe aus den Sinus des Verschiebungsbogens und des Radialnervenbogens ist = 0. Die MARTINS-GEGENBAUR'sche Theorie der Torsion des Humerus hingegen verlangt in den früheren phylo- und ontogenetischen Entwickelungsstufen für den N. radialis einen weniger aufgewickelten Zustand, proportional der geringeren Torsion des Humerus. Da nun beim Frosche z. B. eine geringere Torsion des Humerus sein soll als beim Menschen, so hätte auch die Radialnervenspirale eine geringere, d. h. unter 168° sein müssen. Statt dessen finden wir beim Frosche eine solche von ungefähr 270°, während wir eine unter 90° (denn der Torsionswinkel der Reptilien ist nach GEGENBAUR 90°) hätten erwarten sollen. Es ist dies ein neuer Beweis gegen die MARTINS-GEGENBAUR'sche Theorie von der Torsion des Humerus.

Somit wäre also der letzte Anstoss für die radio-præ-axiale Verschiebungsansicht der antibrachialen Skelettheile hinweg geräumt. Es veranlasst uns jedoch diese auf den ersten Anblick paradoxe, bei näherer Untersuchung phylogenetisch gerechtfertigte Spirale des N. radialis einen Schritt weiter zu thun. Der N. radialis im zurückverschobenen Zustande der Unterarmknochen, dem Zustande also, der dem primitiven Verhalten der hinteren Extremität entspricht, hat anscheinend kein Homologon an der hinteren Extremität. Denn auf den ersten Blick gesehen, schlingt sich kein

---

¹ Der N. radialis schlägt sich bekanntlich bald wieder auf die Dorsalseite des Unterarmes zurück. Die Spirale wird also immer nur bis auf die Stelle zu rechnen sein, wo der N. radialis die N. radialis verlässt.

Nerv an der hinteren freien Gliedmasse postaxial von innen nach aussen herum, um præaxial wieder von aussen nach innen zu gelangen. Verfolgt man aber den N. ischiadicus, so bemerkt man, dass derselbe, bald nachdem er etwas über der Mitte des Oberschenkels den Muskelast für den kurzen Kopf des M. flexor cruris biceps abgegeben, in zwei Zweige zerfällt, nämlich in einen innern, den N. popliteus internus oder tibialis, und in einen äusseren, den N. popliteus externus oder fibularis. Dieser N. fibularis nun gelangt an der postaxialen Seite der hinteren Extremität weiter bis hinter das Capitulum fibulae, und spaltet sich hier abermals in zwei Zweige, in einen oberflächlichen, den N. peroneus superficialis, und in einen tiefen, den N. peroneus profundus. Diese beiden Zweige des N. fibularis schlagen sich um das Capitulum fibulae herum auf die præaxiale Seite des Unterschenkels und laufen in der Richtung von aussen nach innen gegen den Fuss zu. Beide Zweige spalten sich in ihrem Verlaufe über die præaxiale Seite des Unterschenkels abermals in einen Ramus internus und in einen Ramus externus. Der Ramus internus des N. peroneus superficialis, gewöhnlich als N. cutaneus dorsi pedis internus bezeichnet, läuft aber mit seinem innersten Aste an der Tibialseite des Hallux entlang und hat somit von seinem Ausgangspuncte im N. ischiadicus eine Spirale von 360° um die hintere freie Gliedmasse beschrieben. Ich stehe daher nicht an, den N. fibularis oder popliteus externus oder peroneus als das Homologon des N. radialis zu erklären. Dass die Ablösung der zum N. fibularis und der zum N. tibialis gehörigen Fasern distaler erfolgt als der Zerfall des Plexus brachialis in seine Hauptäste, den N. radialis, den N. medianus und den N. ulnaris ist keine unüberwindliche Schwierigkeit. Die versorgten Nervenbezirke sprechen mehr für die Homologie der an der vorderen und hinteren Extremität gelegenen Nerven als die secundäre Erscheinung der früheren oder späteren Trennung von Nervengruppen, die schon in dem Hauptstamme enthalten sind. Eine eingehende Arbeit über die vergleichende Nervenkunde der vorderen und hinteren Extremität, die ich hier nur den allgemeinen Resultaten nach mittheilen will, hat mich auf die folgenden ferneren Homologien der Hauptnervenstämme in der vorderen und hinteren Extremität geführt. Zum Zwecke der besseren Uebersicht gebe ich eine kleine vergleichende Tabelle in der Art, wie sie GEGENBAUR für die homologen Skeletstücke der vorderen und hinteren Extremität und andererseits für die Skelet- und Nervenmetamerie des Kopfes entworfen hat. Somit erscheinen uns folgende Nerven der vorderen und hinteren Gliedmassen homolog.

Vergleichende Tabelle der Hauptnervenstämme an der vorderen und hinteren freien Gliedmasse.

Vordere oder craniale Gliedmasse		Hintere oder caudale Gliedmasse	
N. medianus		N. plantaris internus ¹)	
N. ulnaris		N. plantaris externus ¹)	{ N. popliteus internus.
N. radialis			N. popliteus externus. ¹) } N. ischiadicus.
N. axillaris	{ Rami musculares	N. glutaeus inferior.	
	N. cutaneus brachii posterior	N. cutaneus femoris posterior.	
Nn. supraclaviculares		N. cutaneus femoris anterior externus.	
N. cutaneus brachii anterior medius			
N. cutaneus brachii anterior internus		N. cruralis.	
N. perforans Casseri	{ Ramus externus		
	Ramus internus	N. obturatorius.	

¹) Mit Hinzuziehung der zu ihm gehörenden Muskeläste am Unterschenkel.
²)
³) für M. flexor cruris biceps, M. semitendinosus und M. semimembranosus.

Eine kleine Zeichnung wird das Verhältniss der Hauptnervenstämme zu einander besser veranschaulichen. Man sieht die nach radio-praeaxialer Rückverschiebung hergestellte ursprüngliche vordere und die im ursprünglichen Zustande verharrende hintere freie Gliedmasse.

Vergleichende Nerventafel der hinteren und vorderen freien Gliedmasse.

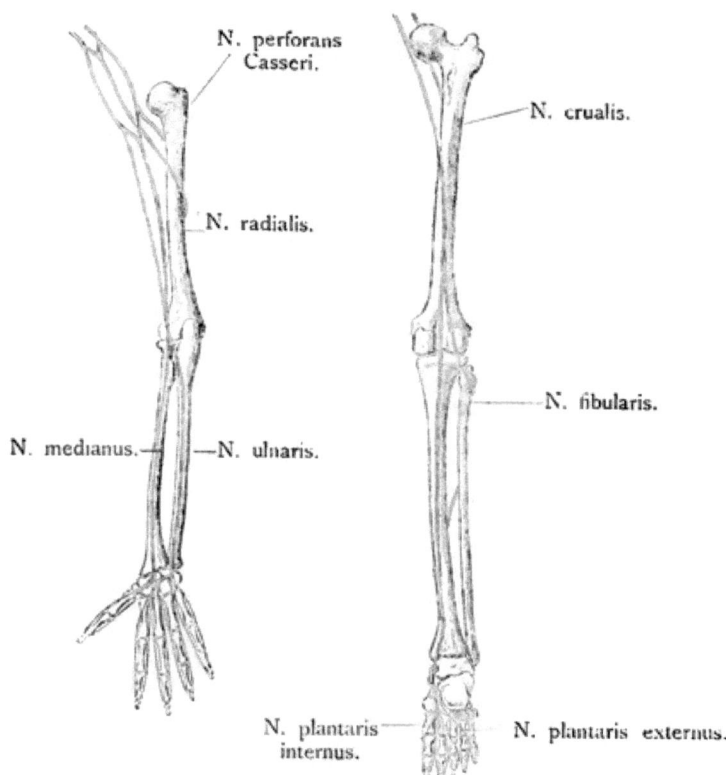

Den allgemeinen Eindruck, den wir erhalten, wenn wir die vorhergehende Tabelle betrachten, ist, dass die Nerven der hinteren Extremität länger zu einem gemeinschaftlichen Nervenstamme vereinigt bleiben, als die der vorderen, ein Factum, das sich auf die in der ganzen Amphipneumonen-Reihe fast gleichbleibende Verwendung der hinteren Extremität im Gegensatz zur auf das Höchste wechselnden Verwendung der vorderen Extremität zurückführen lässt. Ein ähnliches Zerfallen ursprünglich einem Stamme angehöriger Nervengebilde treffen wir in der phylogenetischen Entwickelung der Augenmuskelnerven, namentlich des N. oculomotorius und des N. abducens, welche sammt dem N. trochlearis ursprünglich der Trigeminusgruppe angehören. (GEGENBAUR.) So werden z. B. Oculomotorius und Abducens bei Petromyzon theilweise, bei Lepidosiren vollständig durch Aeste des Trigeminus vorgestellt.

Wir haben uns in Betreff der MARTINS-GEGENBAUR'schen Torsionstheorie des Humerus und unserer Ansicht über die Verschiebung der antibrachialen Skeletstücke noch eine Frage vorzulegen. Die Frage ist: Was ist das torquirende oder verschiebende Moment in der Reihe der Wirbelthiere gewesen?

Wir beginnen mit der MARTINS-GEGENBAUR'schen Torsionstheorie des Humerus. Was also ist das torquirende Moment gewesen, welches bei festliegendem Kopfe den Oberarmknochen um 168° torquirte? Die Anpassung nämlich müsste beim erwachsenen Thiere, dessen Skelettheile schon verknöchert, durch Functionsdifferencirung entstanden sein. Wo also ist die Torsionskraft, welche, wenn wir sie mit F bezeichnen, dem Torsionswinkel, den wir w nennen wollen, direct proportional ist. Für den Torsionswinkel haben wir aber, da die Torsionswinkel bei gleichen Kräften und gleichen Dimensionen an verschiedenen Substanzen verschieden ausfallen, den Werth

$$w = \frac{1}{T} \cdot \frac{F \cdot l}{r^4}$$

wenn $\frac{1}{T}$ der Torsionscoefficient, l die Länge, r der Radius des torquirten Stabes ist. Mithin ist

$$F = w \cdot T \cdot \frac{r^4}{l}$$

Wo ist nun diese ungeheure Kraft? GEGENBAUR sagt: Diese Kraft sei in dem Wachsthum der dia-epiphysen Knorpel zu suchen.[1]) Wie das Wachsthum dieser Knorpel aber auch in millionen und aber millionen Jahren eine fast 180gradige Torsion eines langen Knochens bei festliegendem Kopfe hervorbringen kann, ist mir ganz undenkbar. Aber gesetzt auch diese Knorpel drängten durch ihr einseitig stärkeres Wachsthum einen solchen Knochen wie den Humerus um sich selbst herum (obgleich

---

[1] Vgl. Jenaische Zeitschrift IV, 60.

dies noch lange keine Torsion wäre, denn die Torsion soll auch nach der MARTINS-GEGENBAUR'schen Theorie den ganzen Knochen betreffen, wie die Linea aspera anzeigt) aber wie gesagt alles dieses zugegeben, wesshalb wachsen die dia-epiphysen Knorpel, um grade in dieser Richtung eine Torsion hervorzubringen, wesshalb nicht in der entgegengesetzten, wesshalb nicht ohne überhaupt eine Torsion zu erzeugen? Hierauf finde ich keine Antwort verzeichnet. Und ich wüsste mir auch keine auf diese Frage zu geben.

Betrachten wir dagegen die radio-præ-axiale Ansicht von der Verschiebung der Unterarmknochen, so lässt sich hier allerdings das verschiebende Moment in der Reihe der Wirbelthiere nachweisen, ja es lässt sich sogar nachweisen, wesshalb in der hinteren Extremität keine homologe Verschiebung der Tibia und der Fibula Statt gefunden hat. Bei den Enaliosauriern nämlich sind beide Extremitäten, vordere und hintere, noch vollkommen gleich, da sie noch vollkommen gleiche Function haben. Die Stammväter der heutigen Amphibien aber kamen an's Land, neue Functionen traten an die Gliedmassen heran, und dass diese nicht für vordere und hintere Extremität die gleichen waren, werden wir gleich sehen. Die hintere Extremität nämlich musste hauptsächlich den Körper, der sich noch wenig über den Boden erhoben hatte, auf dem Boden fortschieben, die præaxialen Oberschenkelmuskeln oder physiologisch ausgedrückt die Extensoren des Unterschenkels und die postaxialen Unterschenkelmuskeln, das heisst die Beuger des Fusses mussten das Uebergewicht gewinnen. Die vordere Gliedmasse diente zwar auch zur Fortbewegung auf dem Erdboden, aber in geringerem Masse und die Richtung controlirend, in welcher die hinteren Gliedmassen den Körper vorwärts schoben. Der Hauptzweck der vorderen Gliedmassen war das Ergreifen und das Festhalten der Beute, hierzu aber wurden die postaxialen Oberarmmuskeln oder physiologisch ausgedrückt die Extensoren des Unterarmes und die postaxialen Unterarmmuskeln, d. h. die Beuger der Hand hauptsächlich verwendet, und so mussten auch diese das Uebergewicht gewinnen. Während also an den Antibrachial- und Cruralmuskeln das gleiche Verhältniss blieb, zeigte sich, dass am Oberarm und Oberschenkel ein entgegengesetztes Verhalten auftrat, indem am Oberarm die postaxialen, am Oberschenkel die præaxialen Muskeln das Uebergewicht gewannen. Um aber die gewaltige Kraft dieser stärker entwickelten Muskeln zu reguliren, ja in gewisser Weise noch zu heben, sehen wir leicht zu erklärende Hemmungsvorrichtungen gerade an diesen Muskeln auftreten. Durch die stärkere Reibung der distalen Endsehne an der Gelenkkapsel, welche sie passirt, veranlasst, sehen wir ferner gerade zwischen den Endsehnen dieser Muskeln und der Gelenkkapsel faserige, knorplige oder knöcherne Scheiben eingesetzt. So zeigen schon viele Anuren eine faserige Scheibe zwischen der distalen Sehne des M. extensor antibrachii triceps und der Gelenkkapsel über dem wohlentwickelten Olecranon, die sogenannte Patella brachialis. So sehen wir ferner bei den Reptilien eine solche zwischen die Tibialsehne des M. extensor cruris quadriceps und die Kniegelenkskapsel eingefügte Knorpel- oder Knochenscheibe, die Patella femoralis oder kurzweg die Patella auftreten. Nun ist es aber klar, dass ein jeder Muskel bei der Contraction das Bestreben hat, seine Anheftungspuncte einander zu nähern. Da das Punctum mobile hierbei den geringeren Widerstand leistet, so wird der Weg, den es zurücklegt, um so viel grösser sein, im Gegensatz zum Punctum fixum, an dem der zu überwindende Widerstand grösser ist, der zurückgelegte Weg um so viel kleiner. Prävalirt nun ein Muskel über seine Antagonisten, sind seine Zusammenziehungen kräftiger als die seiner Antagonisten, so wird sich im Laufe der Zeit ganz allmählich das Bestreben geltend machen, den hauptsächlich als Punctum mobile verwendeten Skelettheil gegen den als Punctum fixum zu betrachtenden zu nähern. Es wird also die Ulna, das Punctum mobile des überwiegenden post-axialen Oberarmmuskels allmählig nach hinten gezogen werden. Und ebenso wird die Tibia, das Punctum mobile des überwiegenden præaxialen Oberschenkelmuskels allmählich nach vorne gezogen werden. Die hintere Gliedmasse bleibt bei den übrigen Amnioten auf dieser Stufe stehen, die Tibia etwas nach vorn, die Fibula etwas nach hinten, im Einklange mit ihrer bleibenden Verwerthung für das Thier. Sie dient von den Reptilien bis zum Menschen als hauptsächlichstes Stütz- und Sprungorgan des Körpers, nur bei den Vögeln und Fledermäusen kommt sie beim Fliegen oder Flattern aus dieser Function. Die vordere Extremität hingegen geht bis zum Menschen den differencirtesten Verhältnissen entgegen. Wir sahen, dass die Ulna durch den continuirlichen Zug des überwiegenden postaxialen Oberarmmuskels allmählich nach hinten gezogen wurde. Auf diese Weise kam der Radius wesentlich nach vorn und zwar hauptsächlich das proximale Ende desselben, da das distale der nothwendig pronirten Stellung der Hand wegen innen bleiben musste. Bei den Säugethieren ist endlich durch den unausgesetzten Zug, den von Geschlecht zu Geschlecht der überwiegende postaxiale Oberarmmuskel ausübt, die Ulna nach hinten und innen, das proximale Ende des Radius nach vorne und aussen gerückt. Bei den weiter entwickelten Säugethieren tritt nun eine neue Differencirung ein. Die vordere Gliedmasse verliert ihre Bedeutung als Stützorgan immer mehr und mehr, sie wird allmählich lediglich zum Greiforgan. Diesen letzten Zustand finden wir bei den schwanzlosen Catarrhinen, bei denen die vordere Extremität nur noch in der Jugend als Stützorgan dient. Und wie konnte dieser Zustand entstehen? Die Supination entstand durch das Ueberwiegen und den überwiegenden Gebrauch der sogenannten Supinatoren. Um sich von Ast zu Ast schwingen zu können, bedurften die betreffenden Thiere der vollständigen Beweglichkeit des distalen

Radiusstuckes um den Processus styloideus ulnae. So ist der Zustand des radio-externen Parallelismus der Unterarmknochen entstanden, den wir beim Menschen, der am geschicktesten seine Hand zu verwerthen weiss, bewundern. Die beiden Causalmomente in der Ansicht der radio-præ-axialen Verschiebung der Skelettheile des Antibrachium bilden also 1. — die Rück- und Einwärtsziehung der Ulna durch den überwiegenden Gebrauch des postaxialen Oberarmmuskels und 2. — die Auswärtsrollung des Radius durch den überwiegenden Gebrauch der Supinatoren. Die Verschiebung der Unterarmknochen an einander bedarf aber keiner solch' immensen Energie, wie eine Torsion des Humerus um seine Längsaxe bei festliegendem Caput chirurgicum sie verlangt. Die Kraft aber, welche durch das Ueberwiegen des post-axialen Oberarmmuskels seit der Steinkohlenperiode des palaeolithischen Zeitalters auf die Ulna gewirkt hat, ist wohl dem Producte des Widerstandes, welchen die Knochen der Verschiebung entgegensetzten, und dem allmählich zurückgelegten Wege gleich zu setzen. Jede Contraction des überwiegenden M. extensor antibrachii triceps, jeder Tatzenschlag hat die Ulna um einen wenn auch minimalen Theil aus ihrer ursprünglich äusseren Lage, wie wir sie bei den Enaliosauriern finden, rückwärts und einwärts gezogen, welche in der Reihe der Wirbelthiere nachgewiesene phylogenetische Anpassung an die neue Function der Vorderextremität sich allmählich auf die Nachkommen vererbt hat. So giebt die ontogenetische Entwickelung der Vorderextremität eine kurze Recapitulation der zahllosen Vorgänge, welche die phylogenetische Entwickelung derselben bestimmten.[1]) Wir müssen noch ein Wort über die physiologische Bezeichnung der Oberarm- und Oberschenkelmuskel hinzufügen. So wird nämlich der præaxiale Oberarmmuskel M. flexor antibrachii biceps, der præaxiale Oberschenkelmuskel M. extensor cruris quadriceps genannt. Diese physiologischen Bezeichnungen dürfen keinen Einfluss auf die vergleichende Anatomie ausüben. Denn die vergleichende Anatomie ist eine vergleichende Lehre der anatomisch gleichwerthigen, das heisst der homologen Gebilde. Der M. extensor antibrachii triceps und der M. extensor cruris quadriceps zum Beispiel sind keine anatomisch gleichwerthigen, wohl aber physiologisch gleichwerthige Organe. Die physiologische Gleichwerthigkeit bezeichnet man im Gegensatz zur anatomischen, welche den Namen Homologie trägt, nach dem Vorgange von OWEN mit dem Namen der Analogie. So sind also der M. extensor antibrachii triceps und die Flexoren des Unterschenkels homolog, der M.

---

[1]) Die zwischen der proximalen und distalen Gelenkaxe des Humerus auftretenden Schwankungen, die aber als Ultimum von 90° nie übersteigen, beruhen allerdings auf verschiedener Entwicklung der diaepiphysæn Knorpel und besonders auch der Gelenkknorpel. Dies ist beim Humerus wie bei allen anderen Rohrenknochen. Auf einer Torsion des ganzen Knochens aber beruhen diese Schwankungen nie, sondern eben nur auf der verschiedenen Entwicklung dieser Knorpel.

extensor antibrachii triceps und der M. extensor cruris quadriceps analog. Die vergleichende Anatomie also ist die vergleichende Lehre von den homologen, die vergleichende Physiologie die vergleichende Lehre von den analogen Organen des Organismenleibes.

Ehe ich die phylogenetischen Verhältnisse der vorderen freien Gliedmasse in Betreff der Verschiebung der antibrachialen Skeletstücke verlasse, gebe ich eine kleine vergleichende Tafel über das Verhalten der Unterarmknochen bei einigen wichtigen Repräsentanten der Amphipneumonengruppe. Die folgenden 8 Figuren stellen folgende vordere freie Gliedmassen vor.

1. - Brustflosse eines Selachiers nach GEGENBAUR, Grundzüge etc. 2. Aufl. § 201.
2. - Vordere freie Gliedmasse von Ichthyosaurus intermedius nach HUXLEY, anatomy of vertebrated animals 244.
3. -   »   »   »   »   » Plesiosaurus nach HUXLEY, ibidem. 210.
4. -   »   »   »   »   » Salamandra maculosa, nach GEGENBAUR, Carpus und Tarsus, Tafel I.
5. -   »   »   »   »   » Crocodilus niloticus.
6. -   »   »   »   »   » Struthio camelus.
7. -   »   »   »   »   » Dasypus gymnurus.
8. -   »   »   »   »   » Capra hircus.
9. -   »   »   »   »   » Macacus.
10. - »   »   »   »   » Engeco troglodytes.

Die radio-præaxiale Verschiebung der Unterarmknochen in der Reihe der Wirbelthiere.

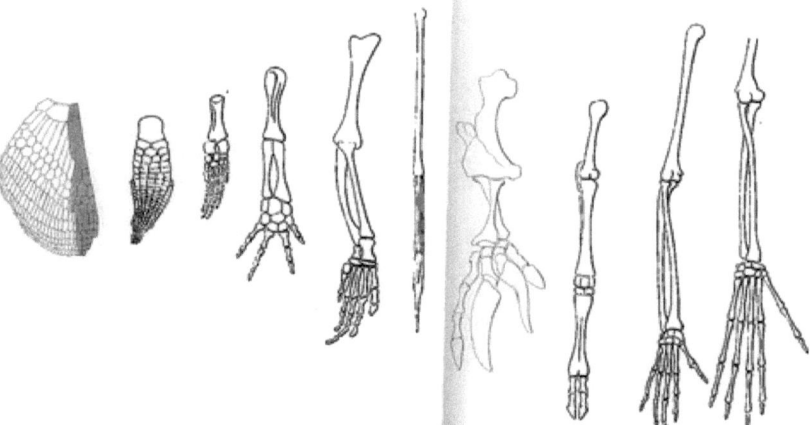

Um das ontogenetische Verhalten des Radius und der Ulna zu constatiren, habe ich mehrere Rinderembryonen untersucht, deren Alter zwischen die 8te und 12te Woche, mithin also in die Zeit fiel, in welcher die Verknöcherung der Antibrachial-diaphysen statt findet. Und zu meinem Erstaunen fand ich, dass der Radius dieser Thiere in diesem relativ hohen Alter noch einwärts von der Ulna lag, allerdings schon etwas nach vorne abgewichen. Die Ulna hingegen lag etwas nach hinten und bedeutend weiter nach aussen, als wir dies beim erwachsenen Rinde wahrnehmen. Auch liegen in diesen ersten Stadien die Unterarmknochen hart aneinander, woher wohl die Ansicht entstanden ist, dass ursprünglich beide Knochen nur eine Knorpelmasse bilden. So habe ich ferner bei älteren Embryonen einen schrittweisen Uebergang in das Stadium III nachweisen können, dem Stadium, in welchem die proximale Radiusepiphyse nach aussen von der Ulna gerückt ist, während die distale sich noch innen befindet. Diese schrittweise radio-prae-axiale Verschiebung der Unterarmknochen, welche somit auch ontogenetisch nachgewiesen werden kann, scheint mir im höchsten Grade gegen die radio-post-axiale Torsionstheorie des Humerus zu sprechen, welche für die embryonalen Winkelschwankungen die widersprechendsten Daten giebt. Dies letztere Factum scheint nur erklärlich, wenn man bedenkt, dass die Epiphysen des Humerus in jenen embryonalen Zuständen noch vollständig knorpelig sind. Bekanntlich treten beim Menschen erst im Laufe des ersten Jahres die Ossificationscentren der distalen, im Laufe des zweiten das Ossificationscentrum der proximalen Epiphyse des Humerus auf. Auch muss ich bemerken, dass in embryonalen Stadien die Axe, welche man durch das distale Gelenkende des Humerus legt, mit der Axe des proximalen Gelenkes der Antibrachialknochen einen Winkel von solch' verschiedenem Werthe bildet, dass ich mich nicht getrauen würde, von den Axenschwankungen, die zwischen dem proximalen und distalen Ende des Humerus stattfinden, auch nur einen Schluss auf die Stellung des Unterarmes zu ziehen. Dies thut aber die Torsionstheorie des Humerus, indem sie den Unterarm passiv der distalen Humerusgelenkaxe folgen lässt. Wir schliessen hiermit die erste Voruntersuchung, welche wir anstellen mussten, um über den morphologischen Werth der Patella und ihres Homologon an der vorderen Extremität eine nähere Einsicht zu erhalten. Diese Untersuchung über die Torsion des Humerus hat uns für diesen Zweck folgenden wichtigen Factor geliefert. Wir haben durch die radio-prae-axiale Verschiebung der Unterarmknochen die Homologie der Flexoren des Unterarmes mit den Extensoren des Unterschenkels, die Homologie der Extensoren des Unterarmes mit den Flexoren des Unterschenkels zu beweisen gesucht.

Wir wenden uns zur zweiten Voruntersuchung, zur phylo- und ontogenetischen Entstehung der Patella. Die Anamnien zeigen keine Patellarbildung an der hinteren Extremität. Unter den Reptilien fehlt sie den Cheloniern, Crocodilinen, sowie selbstverständlicher Weise den Ophidiern, bei den Sauriern hingegen wird sie beobachtet. Veranus niloticus besitzt sogar zwei verknöcherte Patellen in der Tibialsehne des grossen Unterschenkelstreckers. Die Patella lös't sich bei den niederst organisirten Amnioten durchaus nicht von der Tibia oder Fibula ab, sie ist zu keiner Zeit eine Epi- oder Apophysenbildung der Unterschenkelknochen. Ueberdies sind bei Sauriern die proximalen Epiphysen der Tibia und Fibula wohl entwickelt. Die Patella entsteht eben an der Tibialsehne des M. extensor cruris quadriceps und zwar wahrscheinlich durch die continuirliche Reibung der Tibialsehne des benannten Muskels an der Kniegelenkkapsel. So entsteht zuerst in dem zwischen der Tibialsehne und der Kapsel liegenden Gewebe eine faserige Scheibe, wie wir eine solche supraanconaeale Scheibe schon bei einigen Anuren bemerkt haben, in diese Scheibe lagern sich Knorpelzellen ein, und die Verknöcherung erfolgt sodann. Solche zwischen einer Sehne und einer Gelenkkapsel sich bildenden Knochen kann man aber als wahre Sesambeine bezeichnen, im Gegensatze zu den Knochengebilden, welche innerhalb einer Sehne auftreten, die man als falsche hinstellen kann. Die Patella also tritt bei den Reptilien als wahres Sesambein auf. Auch bei den meisten Vögeln finden wir die Patella. Von ungewöhnlicher Grösse ist sie bei den Pinguinen, bei denen sie mit der Spina procnemialis tibiae articulirt und selbst von zwei Ossificationscentren aus ossificirt. Bei Colymbus existirt die Patella zusammen mit dem Processus epicnemialis oder rotularis tibiae, obgleich dieser starke Tibialfortsatz für viele Vögel der alleinige distale Ansatzpunct des grossen Unterschenkelstreckers ist. Den meisten Grallatoren, Tauben und Insessoren fehlt die Patella. Auch bei den Vögeln hat die Patella keinen genetischen Zusammenhang mit den Unterschenkelknochen, auch in dieser Wirbelthierclasse ist sie ein wahres Sesambein. (OWEN.) Die Säugethiere besitzen zum grössten Theile, sei es eine knorpelige oder knöcherne Patella. Ausser Cetaceen und Sirenen fehlt sie einigen Marsupialien und den Chiropteren. So ist bei Phalangista und Dasyurus keine Patella vorhanden, sondern an der Stelle, an welcher sie zu suchen wäre, befindet sich etwas festeres Bindegewebe mit eingestreuten unregelmässigen Ossificationscentren. Bei Petaurista, Lipurus, Phascolomys und Myrmecobius fehlt die Patella. Somit ist in der Reihe der Amnioten die Patella kein zu einem der Unterschenkelknochen in irgend einer genetischen Beziehung stehendes Skeletstück.

Was die ontogenetische Entwickelung der Patella anbetrifft, so tritt dieselbe schon früh im knorpeligen Zustande zwischen der gemeinschaftlichen Extensorensehne des Unterschenkels und der Kniegelenkkapsel auf. Ich habe sie bei einem ungefähr 9 Wochen alten Rinderfötus nachweisen können. Die Verknöcherung in ihr beginnt beim Menschen durchschnittlich am Ende des zweiten Jahres, doch ist der vollständig knorpelige Zustand derselben noch bis zum 7. Lebensjahre beobachtet worden. Sie hängt zu keiner Zeit genetisch mit der Epiphysis proximalis der Tibia oder der Fibula zusammen. Für die Entstehung der Tibia und Fibula ist übrigens noch folgendes zu bemerken. Das Ossificationscentrum der Diaphysis tibiae erscheint durchschnittlich in der 7. Woche, bald darauf das Ossificationscentrum der Diaphysis fibulae. Das Erscheinen der Ossificationscentren in den Epiphysen dieser Knochen verhält sich jedoch different. Während das Ossificationscentrum der proximalen Tibiaepiphyse ungefähr zur Zeit der Geburt, das der distalen Tibiaepiphyse im zweiten Jahre auftritt, erscheint das Ossificationscentrum der distalen Fibulaepiphyse vor dem Ossificationscentrum der proximalen. Es entsteht nämlich das erstere im Laufe des zweiten Jahres zusammen mit dem distalen Ossificationscentrum der Tibia, während das letztere nicht vor dem 3. oder 4. Jahre auftritt. Man hat aus diesem späteren Erscheinen des Ossificationscentrum der proximalen Fibulaepiphyse auf einen möglichen Zusammenhang dieser Epiphyse mit der Patella schliessen wollen, doch scheint mir dieses keineswegs gerechtfertigt, obschon bei Radius und Ulna nicht dieses umgekehrte Verhalten in dem Auftreten der Ossificationscentren in den Epiphysen Statt findet. Es scheint mir dieser Vorgang, da die Patella lediglich als Sesamknorpel an der Sehne des grossen Unterschenkelstreckers entsteht, für noch gewagter, als die Hypothese, dass der erste Finger an Hand und Fuss keinen Metacarpus resp. Metatarsus besitze, indem der Metacarpus I oder Metatarsus I eben die Phalanx prima sei, die direct ohne Vermittelung eines besonderen Metacarpus oder Metatarsus primus direct an dem Os multangulum maius resp. dem Os endocuneiforme articulire.[1] Somit ist also die Patella phylogenetisch und ontogenetisch ein Sesamknorpel oder Sesambein zwischen dem Tendo communis extensorius cruris und der Gelenkkapsel des Kniegelenkes und hat zu keiner Zeit der phylo- oder ontogenetischen Entwickelung einen genetischen Zusammenhang mit den Unterschenkelknochen.

Wir hätten somit die beiden Voruntersuchungen beendet, welche wir anstellen mussten, um eine Kritik derjenigen Theorien üben zu können, welche über den morphologischen Werth der Patella und ihres Homologon an der vorderen Extremität aufgestellt sind. Wir wenden uns somit zu der Kritik derselben, können aber schon im Voraus folgende aus den beiden Voruntersuchungen gewonnenen Schlüsse ziehen

1. Da der M. extensor cruris quadriceps dem M. extensor antibrachii triceps nicht homolog ist, so kann auch kein an der Tibialsehne des M. extensor cruris quadriceps auftretendes Gebilde einem an der Ulnarsehne des M. extensor antibrachii triceps auftretendem Gebilde homolog sein.

---

[1] Ebensowenig kommt zu irgend einer Zeit eine Verschmelzung der proximalen Crural-Epiphysen zur Erscheinung. Eine Thatsache, die also weder bewiesen ist, noch bewiesen werden kann, dient der MACALISTER'schen Theorie über die Constituenten der proximalen Tibiaepiphyse zur Grundlage.

2. Die Patella ist keine losgelöste Epiphysenbildung der Tibia oder Fibula, sondern ein Sesamknorpel oder Sesambein an der Tibialsehne des M. extensor cruris quadriceps.

Folglich ergiebt sich, dass die Patella weder einem Sesambeine in der Ulnarsehne des M. extensor antibrachii triceps, noch der proximalen Ulnarepiphyse, welche zum Theil das Olecranon bildet, homolog sein kann. Wir sehen hieraus, dass die ganze erste Gruppe der 9 Patella-Theorien, welche die Patella zu einem abgelösten Knochentheile stempeln, als unrichtig fortfällt. Die zweite Gruppe, welche die Patella von vorne herein als Sesambein betrachtet, enthält möglicherweise unter den 3 sie repräsentirenden Theorien die richtige. Wir wenden uns jedoch zur Besprechung der einzelnen Theorien, da hie und da noch von den Autoren für ihre Ansicht fälschlich beigebrachte Gründe der besonderen Widerlegung bedürfen. Wir beginnen mit der ersten Gruppe, indem wir mit der ersten Theorie derselben den Anfang machen.

1. Die WINSLOW'sche Theorie. »Die Patella ist ein Theil der Tibia, die Tibia entspricht der Ulna, die Patella dem Olecranon.« Diese Theorie ist falsch, denn wie wir gesehen haben, ist die Patella kein Theil der Tibia, die Tibia entspricht nicht der Ulna, die Patella nicht dem Olecranon. Diese Theorie wurde im Jahre 1775 aufgestellt.[1]

2. Die Theorie von VICQ-D'AZYR. Die Patella ist ein Theil der Tibia, die Tibia entspricht der Ulna der entgegengesetzten Körperhälfte, die Patella dem Olecranon der entgegengesetzten Körperhälfte.« Diese Theorie ist falsch, denn wie wir gesehen haben, ist die Patella kein Theil der Tibia, die Tibia entspricht nicht der Ulna der entgegengesetzten Körperhälfte, die Patella nicht dem Olecranon der entgegengesetzten Körperhälfte. Es ist überhaupt schwer zu begreifen, wie solch' paradoxe Theorie entstehen konnte. Dennoch lässt sich ihr Entstehungsgrund zeigen, wofür ich die treffenden Worte von CHARLES MARTINS anführe. Dieser sagt: VICQ-d'AZYR ayant placé le membre supérieur d'un squelette à côté du membre inférieur correspondant, il vit que les deux cols, qui portent les têtes articulaires, étaient dirigés en sens inverse; de là l'idée malheureuse de comparer le membre inférieur droit au membre supérieur gauche. Die Theorie von VICQ-d'AZYR ist im Jahre 1778 aufgestellt.[2] CUVIER hat sich derselben theilweise angeschlossen, doch gab er im Antagonismus gegen ETIENNE GEOFFROY-SAINT-HILAIRE und die naturphilosophische

---

[1] Vgl. WINSLOW, Exposition anatomique de la structure du corps humain, tome I, pag. 285.

[2] Vgl. VICQ-d'AZYR, Mémoire sur les rapports qui se trouvent entre les usages et la structure des quatre extrémités dans l'homme et dans les animaux, pag. 254.

Schule kaum die Berechtigung zu, Vergleichungen dieser Art anzustellen.¹) Im Jahre 1838 hat Frédéric Blondin neue Beweise für die Theorie von Vicq-d'Azyr beigebracht.²) Der Hauptbeweis unter diesen ist: Die Tibia ist der Ulna homolog, weil die Tibia sich distal mit dem Astragalus, die Ulna distal sich mit dem Os pyramidale verbindet, Astragalus und Pyramidale aber homologe Skelettheile sind. Wie wir aber schon gesehen haben, danken wir den grossartigen Untersuchungen Gegenbaurs über den Carpus und Tarsus der Wirbelthiere, die endliche Feststellung der Homologien, die zwischen den carpalen und tarsalen Skeletstücken Statt finden. Es ist nämlich der Astragalus dem Scaphoid und dem Lunatum, das Triquetum oder Pyramidale hingegen dem Calcaneus homolog. Blondin also hat eine falsche Homologie durch eine falsche beweisen wollen. Am weitesten im Umgereimten ist Bourgery³) gegangen, der für Antibrachium, Crus und Patella die Theorie aufstellte, die wir heute nach ihm und Cruveilhier benennen, für Humerus und Femur aber die Vicq-d'Azyr'sche Theorie beibehielt. Nach Bourgery also entspricht der Humerus einer Körperhälfte, dem Femur der anderen Körperhälfte. Der proximale Theil des Radius dem proximalen Theil der Fibula der gleichen Körperhälfte, der distale Theil des Radius dem distalen Theil der Tibia der gleichen Körperhälfte, der proximale Theil der Ulna dem proximalen Theil der Tibia der gleichen Körperhälfte, der distale Theil der Ulna dem distalen Theile der Fibula der gleichen Körperhälfte, die Patella dem Olecranon der gleichen Körperhälfte. Flourens hat 1838 die Theorie von Vicq-d'Azyr widerlegt.⁴) Dennoch vertrat sie Chauveau im Jahre 1857 auf's Neue.⁵)

3. Die Theorie von Bourgery und Cruveilhier. »Die Patella ist ein Theil der Tibia. Die Tibia entspricht in ihrem proximalen Theile der Ulna, in ihrem distalen dem Radius. Die Patella entspricht dem Olecranon.« Diese Theorie ist falsch, denn wie wir gesehen haben, ist die Patella kein Theil der Tibia, entspricht die Tibia in ihrem proximalen Theile nicht der Ulna, die Patella nicht dem Olecranon. Diese Theorie ist von Seiten Bourgery's im Jahre 1832⁶) aufgestellt, im Jahre 1843 von Cruveilhier⁷) so wesentlich verbessert, dass die Theorie den Namen beider Anatomen tragen muss. Der Hauptunterschied in beider Ansichten liegt

---

¹) Vergl. Cuvier, Leçons d'anatomie comparée, seconde édition, tome I, pag. 343.
²) Vergl. Blondin, nouveaux éléments d'anatomie descriptive, tome I, pag. 262.
³) Vergl. Bourgery, Traité complet de l'anatomie de l'homme, tome I, pag. 133.
⁴) Vergl. Flourens, nouvelles observations sur le parallèle des extrémités dans l'homme et les quadrupèdes. Annales des sciences naturelles, tome X, pag. 35.
⁵) Vergl. Chauveau, Traité d'anatomie comparée des animaux domestiques, pag. 103.
⁶) Vergl. Bourgery l. c.
⁷) Vergl. Cruveilhier, anatomie descriptive, tome I, pag. 339.

in der für die Patella irrelevanten Homologie des Femur. Nach BOURGERY ist, wie wir schon bei Besprechung der VICQ-d'AZYR'schen Theorie gesehen haben, das Femur einer Seite dem Humerus der anderen Seite homolog, während CRUVEILHIER das Femur einer Seite dem Humerus der gleichen Körperhälfte homolog setzt. Eine der BOURGERY-CRUVEILHIER'schen ähnliche Theorie hat man später auch bei MECKEL finden wollen. Sie hat verschiedene für die Patella unwichtige Modificationen. Die BOURGERY-CRUVEILHIER'sche Theorie übrigens hat man kurzweg la théorie du croisement [1]) genannt.

4. Die Theorie von AUZIAS-TURENNE. »Die Patella ist ein Theil der Tibia. Die Tibia entspricht in ihrem proximalen Theile der Ulna der entgegengesetzten Körperhälfte, in ihrem distalen dem Radius der entgegengesetzten Körperhälfte, die Patella dem Olecranon der entgegengesetzten Körperhälfte.« Diese Theorie ist falsch, denn wie wir gesehen haben, ist die Patella kein Theil der Tibia, entspricht die Tibia keinem Skeletstücke der entgegengesetzten Körperhälfte, noch die Patella einem solchen. Diese Theorie, [2]) welche l'hypothèse du VICQ-d'AZYR combinée avec celle du croisement« nach dem MARTINS'schen Ausdrucke ist, [3]) wurde im Jahre 1846 aufgestellt und hat keinen Nachfolger gefunden.

5 Die Theorie von MARTINS. »Die Patella ist ein Theil der Tibia. Die Epiphysis proximalis tibiae ist verschmolzen aus den ursprünglichen proximalen Epiphysen der Fibula und Tibia. Dem äusseren Theile derselben, welches von der Fibula ursprünglich herstammt, gehört die Patella an, welche dem Olecranon entspricht.« Diese Theorie ist falsch, denn wie wir gesehen haben, ist die proximale Epiphyse der Tibia nicht aus den ursprünglichen proximalen Epiphysen der Fibula und Tibia verschmolzen, gehört die Patella keinem der Unterschenkelknochen phylo- oder ontogenetisch an, noch ist sie das Homologon des Olecranon. Diese Theorie, welche den Uebergang bildet von den vorhergehenden Theorien, in denen die Tibia als Ausgangspunct der Patella betrachtet wurde, zu der de BLAINVILLE-GERDY'schen Theorie, welche die Fibula als Ausgangspunct derselben ansieht, ist im Jahre 1857 [4]) aufgestellt. Diese Theorie ist so augenscheinlich falsch, indem sie die verschiedensten Facta aus der Entwickelungsgeschichte auf das Bestimmteste als geschehen anführt, während dieselben nie in der Entwickelung Statt gefunden. Interessant ist es nur,

---

[1] Vergl. MARTINS l. c. p. 478.
[2] Vergl. AUZIAS-TURENNE, sur les analogies des membres supérieurs avec les inférieurs. Comptes rendus de l'academie des Sciences de Paris, tome XXIII, pag. 1148.
[3] Vergl. MARTINS, l. c. 479.
[4] Vergl. MARTINS, l. c.

wie nach einmal vorgefasster Ansicht alles einer solchen Theorie noch so Widersprechende in den Rahmen derselben hineingezwängt wird. So wäre das eine Factum, dass bei Ornithodelphen und verschiedenen Didelphen neben einer Patella auch ein Peronecranon vorkommt, hinreichend genug, die MARTINS'sche Theorie zu widerlegen. Denn da nach MARTINS die Fibula mit ihrer ursprünglichen rein hypothetischen Epiphysis proximalis, welche mit der Tibia verschmolzen sein soll, der Ulna homolog ist, so muss also wohl nach eben dieser Ansicht das Olecranon einem Peronecranon homolog sein. Zugleich ist aber nach MARTINS auch die Patella dem Olecranon homolog, und die Art und Weise, wie dies mit Logik und MARTINS'scher Theorie Unvereinbare nun dennoch mit der MARTIN'schen Theorie in Einklang gebracht wird, ist bezeichnend für die Richtung der vergleichenden Anatomie von DARWIN.[1]

6. Die Theorie von de BLAINVILLE und GERDY. »Die Patella ist ein Theil der Ficula. Die Fibula entspricht der Ulna, die Patella dem Olecranon.« Diese Theorie ist falsch, denn wie wir gesehen haben, ist die Patella kein Theil der Fibula und dem Olecranon nicht entsprechend. Dennoch ist diese Theorie die verständigste, welche in der ganzen ersten Gruppe, die wir hiermit betrachtet haben, aufgestellt ist. In aller Kürze wurde sie von de BLAINVILLE im Jahre 1818[2] ausgesprochen. Im Jahre 1829 schloss sich GERDY[3] an dieselbe an und brachte Beweise für dieselbe bei, welche de BLAINVILLE nicht gegeben hatte. Für das widersprechende Verhalten, dass die Patella als hinteres Olecranon sich nicht mit der Fibula, der hinteren Ulna, sondern mit der Tibia verbinde, suchte er keine neue Hypothese aufzustellen, indem er alle weitere Bedenken dadurch abzuschneiden hoffte, dass er dieses widersprechende Verhalten einfach als eine Anomalie erklärte. Dieser de BLAINVILLE-GERDY'schen Theorie ist auch der Engländer BARCLAY[4] mit geringen Modificationen gefolgt. Ja, die ganze Theorie ist von MARTINS unserem GOETHE zugeschrieben worden. Diesem Vorgange kann ich nicht beistimmen, denn das zweite Capitel der vergleichenden Knochenlehre von 1824, welches Ulna und Radius behandelt, giebt, so richtig die in ihm ausgesprochenen allgemeinen Ansichten auch sind, durchaus keinen fest aufgestellten Vergleich zwischen Radius und Tibia, Ulna und Fibula. Aus dem 8ten Capitel des ersten Entwurfes einer allgemeinen Einleitung in die vergleichende Anatomie, ausgehend von der Osteologie, vom Januar 1795

---

[1] Auch die Behauptung MARTINS (l. c. pag. 500), bei Fracturen des Olecranon mit ligamentöser Heilung werde das abgelöste Olecranon zu einer wahren Patella brachialis, bedarf keiner Widerlegung, da derartige chirurgische Analogien durchaus keine beweisende Kraft für vergleichend anatomische Verhältnisse haben können.

[2] Vergl. de BLAINVILLE, nouveau dictionnaire d'histoire naturelle de Deterville, article Mamifères, tome XIX, pag. 91

[3] Vergl. GERDY, note sur le parallèle de etc., bulletin universel de Férussac, sciences médicales, tome XVI, pag. 369.

[4] Vergl. BARCLAY, The bones of the human body. 1824.

liesse sich sogar eher beweisen, dass GOETHE an eine Homologie der Ulna und der Tibia gedacht habe, ohne dass in dem Werke von 1824 hierauf Bezug genommen ist. Aber selbst wenn GOETHE die Homologie des Radius und der Tibia, der Ulna und Fibula ausgesprochen hätte, so hätte er eben behauptet, was andere bewiesen haben. Doch nicht die Behauptung macht den Meister, sondern der Beweis. Sonst wäre ANAXIMANDER Urheber der DARWIN'schen Theorie. Die de BLAINVILLE-GERDY'sche Theorie stützt sich hauptsächlich auf das Factum, dass bei den verschiedenen Amphipneumonen, so bei einigen Anuren, Vögeln, Fledermäusen, ja selbst zuweilen beim Menschen eine an der Ulnarsehne des M. extensor antibrachii triceps auftretende Patella brachialis beobachtet wird. Diese Patella brachialis, schliesst diese Theorie weiter, ist selbstverständlich der Patella femoralis homolog. Nun ist aber die Patella brachialis das abgelöste Olecranon, folglich ist die Patella femoralis dem Olecranon homolog. Das Olecranon ist eben eine nicht abgelöste Patella brachialis, die Patella femoralis ein abgelöstes hinteres Olecranon. So die Theorie. Betrachten wir jedoch die betreffenden Verhältnisse näher, so erkennen wir, dass jenen Thieren, welche die Patella brachialis, sei es regelmässig, sei es wie der Mensch nur ausnahmsweise, aufweisen, durchaus das Olecranon nicht fehlt. Im Gegentheil, das Olecranon besteht neben der Patella brachialis bei diesen Thieren stärker, bei jenen schwächer entwickelt. Bei Anuren zum Beispiel bemerken wir ein ausgebildetes, bei Vögeln und Pteropus ein schwach entwickeltes Olecranon neben der Patella brachialis. Auch sieht man zu keiner Zeit der Entwickelung dieser Thiere die Epiphyse des Olecranon sich lösen und zur Patella brachialis werden, sondern die Epiphysis proximalis bleibt ungetrennt mit der Diaphysis ulnae verbunden ein Olecranon bildend und nebenher tritt zwischen dem Tendo extensorius antibrachii communis und der Cubitalgelenkkapsel eine Patella brachialis auf. Diese Patella brachialis ist ein Sesamknorpel oder ein Sesambein, der Patella femoralis analog entstanden, aber in ihrem anatomischen Verhalten durchaus nicht homolog zu setzen. Denn da, wie wir gesehen haben, der M. extensor antibrachii triceps nicht dem M. extensor cruris quadriceps, sondern den Flexoren des Unterschenkels homolog ist, so kann auch ein Sesambein an der Ulnarsehne des M. extensor antibrachii triceps nicht einem Sesambeine an der Tibialsehne des M. extensor cruris quadriceps homolog sein, sondern das Homologon ist in einem Sesambein in der Fibularsehne des M. flexor cruris biceps zu suchen, da an den cruralen Sehnen des M. semimembranosus und semitendinosus niemals Sesambeine entstehen. Ein solches Sesambein in der Fibularsehne des M. flexor cruris biceps, welches einer Patella brachialis homolog ist, finden wir zum Beispiel bei Phascolomys Wombat unter den Marsupialien. Wir können jedoch noch einen Schritt weiter gehen. Da nämlich ein Sesambein in der Ulnarsehne des M. extensor antibrachii triceps einem

Sesambeine in der Fibularsehne des M. flexor cruris biceps homolog ist, so ist auch das Olecranon, welches der über die Articulatio cubitalis hervorstehende proximale Theil der Diaphysis ulnae und deren proximale Epiphyse ist, dem proximalen Theil der Diaphysis fibulae und deren proximaler Epiphyse homolog. Erhebt sich nun die proximale Partie der Fibuladiaphyse und deren proximale Epiphyse über das Kniegelenk, so erhalten wir ein hinteres Olecranon, welches, da es von der Perone ausgeht, von den Engländern als Peroneeranon bezeichnet wird. Olecranon und Peroneeranon sind also homologe Gebilde an homologen Sehnen homologer Muskeln. Dieses Peroneeranon findet sich enorm bei Monotremen, den verschiedensten Marsupialien und Edentaten entwickelt. Diese kleine Untersuchung, welche den Hauptstützpunct der de BLAINVILLE-GEROW'schen Theorie widerlegte, wird uns in der Betrachtung der zweiten Gruppe, zu der wir jetzt übergehen, auf weitere Vergleichungen, der an den proximalen Epiphysen der antibrachialen und cruralen Skeletstücke auftretenden Anpassungsresultate führen.

7. Die BERTIN'sche Theorie. »Die Patella ist ein Sesambein. Sie vertritt das Olecranon.« Diese Theorie ist falsch, denn wie wir gesehen haben, darf eine Vertretung des Olecranon an der hinteren Extremität durch die Patella nicht gedacht werden, da der M. extensor antibrachii triceps dem M. extensor cruris quadriceps nicht homolog ist. Dem Olecranon ist eben das Peroneeranon homolog. Diese Theorie ist zuerst von BERTIN aufgestellt, der die Kniescheibe le grand os sésamoide de la jambe nannte. FLOURENS[1]) hat sie weiter ausgebildet im Kampfe gegen die Theorie von VICQ-D'AZYR. Endlich folgten ihr JOLY und LAVOCAT[2]) und heute zu Tage GEGENBAUR und HUXLEY, indem dieselben die Homologie zwischen den praeaxialen und postaxialen Muskeln des Humerus und Femur nicht anerkennen. Für sie ist der M. extensor antibrachii triceps dem M. extensor cruris quadriceps homolog. Dass dies aber nicht die richtige Homologie, sondern eine Analogie ist, haben wir gesehen. Der Vorwurf, welcher der Ansicht von der Sesambeinnatur der Patella gemacht ist, dass nämlich die Patella ein Gelenk, das Kniegelenk, constituiren helfe, während die übrigen Sesambeine nicht zur Bildung von Gelenken verwendet würden, ist zu oberflächlich, als dass er nicht auf den ersten Blick hin seine Widerlegung fände. Betrachten wir zum Beispiel die beiden Sesambeine an dem Metacarpo Phalangealgelenk des Daumens, so finden wir dass jedes eine rauhe und eine glatte Fläche besitzt. An den Rand der glatten Fläche schlägt sich das Lig. capsulare

---

[1]) Vergl. FLOURENS l. c.

[2]) Vergl. JOLY et LAVOCAT, Etudes d'anatomie philosophique sur le pied et la main de l'homme, memoires de Academie de Toulouse 1853.

artic. metacarpo-phalang. pollicis, die glatte Fläche selbst ist mit Knorpel und dieser mit der Synovialis überzogen. An die rauhe Fläche hingegen setzen sich beim Os sesamoideum pollicis externum die Digitalsehne des M. flexor pollicis brevis, beim Os sesamoideum pollicis internum hingegen die digitale Sehne des M. adductor pollicis. Beide Sehnen passiren alsdann weiter an die Basis phalangis I. pollicis. Man hat also eine vollständige Analogie in dem Verhalten dieser Sesambeine zum Capitulum metacarpi I. mit dem Verhalten der Patella zur Fossa patellaris des Os femoris. Wie die Sesambeine des Daumens auf den beiden Sesambeinfacetten des Capitulum metacarpi I. spielen, beide durch die Crista intersesamoidea geschieden, so spielt die Patella auf dem Planum patellare ossis femoris. Wenn ein Unterschied bestände, so bestände er darin, dass das Kniegelenk zwei Ligamenta alaria und das aus diesen zusammengeflossene Ligamentum mucosum besitzt, welche von den unteren seitlichen Rändern der Kniescheibe aus an den vorderen Rand der Fossa intercondyloidea femoris treten. Diese sogenannten Bänder sind aber keine specifischen Organe, die die Patella vor anderen Sesambeinen charakterisiren, sondern fettreiche Synovialiseinstülpungen, wie sie in geringerem Grade ebenfalls an den anderen wahren Sesambeinen vorhanden sind. Die Sesambeine an der Articulatio metatarseo-phalangea I. und die beim Menschen selten auftretende Patella brachialis verhalten sich wie die Sesambeine des Daumens und wie die Patella. Ein zweiter Beweis gegen die Behauptung, dass die Patella ein integrirendes Stück des Kniegelenkes, ist darin gegeben, dass die Amphibien, verschiedene Reptilien und Vögel, auch die Fledermäuse keine Patella wohl aber ein Kniegelenk ohne dieselbe besitzen. Ja sogar beim Menschen ist von v. Ammon [1]) ein Fehlen der Kniescheibe beobachtet. Der Fall betraf eine Subluxatio congenita beider Kniegelenke; an Stelle der jederseitigen Patella befanden sich nur Hautfalten. Förster [2]), der diesen Fall wiedergiebt, auch die Abbildung von demselben liefert macht besonders darauf aufmerksam, dass die angeborenen Luxationen des Kniegelenkes nie wirkliche Luxationen, sondern stets Subluxationen seien, so dass also in dem erwähnten Falle ein Defect der Patella mit erhaltenem Kniegelenke vorliegt. Was übrigens die Sesambeine anbetrifft, so wird man vielleicht gut thun, sie in anatomische und physiologische Sesambeine einzutheilen. Die anatomischen Sesambeine kann man wieder in wahre und falsche trennen. Wahre anatomische Sesambeine sind solche Sesambeine, welche über Gelenkfacetten spielen. Solche Sesambein sind die Patella, die Patella brachialis, die Ossa sesamoidea der Metacarpo-Phalangealgelenke, der Metatarso-Phalangealgelenke nicht nur des Pollex

---

[1]) Vergl. v. Ammon angeb. chir. Krankheiten. Taf. 26, Fig. 3.
[2]) Vergl. Förster, Missbildungen der Menschen. 2. Aufl., pag. 71 und Erklärung zu Tafel XXVI.

und Hallux sondern auch des 5., seltener des 2., am seltensten des 3. und 4. Digitus. Zu den anatomisch wahren Sesambeinen gehören ferner die Fabellen, welche an den femoralen Sehnen des M. gastrocnemius verschiedentlich in der Reihe der Wirbelthiere auftreten. So haben die Crocodilinen eine solche Fabella am Caput externum m. gastrocnemii, die meisten Insectivoren an beiden Köpfen desselben je eine Fabella, welche letzteren beiden Fabellen sich auch bei vielen Carnivoren, Prosimisen und Primaten nachweisen lassen. Unter letzteren kommt beim Menschen zuweilen noch eine Fabella gastrocnemialis externa vor. Zu den anatomisch wahren Sesambeinen ist ferner das Sesamoid in der Fibularsehne des M. flexor cruris biceps zu zählen, wie es bei einigen Didelphen zur Erscheinung kommt, ferner das Sesamoid an der hinteren Seite des Intertarsalgelenkes von Apteryx und einigen Gallinaceen und das Sesamoid zwischen dem Calcaneus und dem Sporne der männlichen Monotremen. Im Gegensatz zu den anatomisch wahren Sesambeinen haben wir die anatomisch falschen Sesambeine aufgestellt. Dies sind solche Sesambeine, welche in Sehnen entwickelt auf den knorpeligen Facetten gewisser Knochen spielen. Diese Sesambeine treten also auch indirect nicht in die Bildung von Gelenken ein. Zu diesen Sesambeinen gehört das jenige, welches in der distalen Sehne des M. peroneus longus dort entwickelt ist, wo die Sehne die für sie bestimmten Räume des Os cuboideum passirt. So findet sich zuweilen ein solches Sesambein in der distalen Sehne des M. tibialis anticus an dem Orte, wo dieselbe über die glatte Fläche des Endocuneiforme streicht, ferner eins an der inneren Seite des Astragalus in der distalen Sehne des M. tibialis posticus. So sieht man solche Sesambeine ferner da auftreten, wo die distale Sehne des M. glutaeus maximus über den Trochanter major zieht, und was für uns speciell von Werth ist, in der radialen Sehne des M. flexor antibrachii biceps tritt selbst beim Menschen zuweilen ein Sesambein auf, das über der Tuberositas radii liegt und Veranlassung zur neueren Theorie über den morphologischen Werth der Patella und ihres Homologon an der vorderen Extremität, der OWEN'schen Theorie, gegeben hat. Das Auftreten der falschen anatomischen Sesambeine ist im Wirbelthierreiche ausserordentlich häufig; so finden wir schon bei Anuren Sesambeine an der hinteren Seite des Tarsocruralgelenkes entwickelt. Das einzige Beispiel des den anatomischen Sesambeinen gegenüberstehenden physiologischen Sesambeins bildet das Os pisiforme. Da, wie schon im Anfange bemerkt, nach GEGENBAUR's Untersuchungen das Pisiforme als letztes Erbtheil der Polydactylie von den Enaliosauriern auf uns gekommen ist, so darf es anatomisch füglich nicht als Sesambein betrachtet werden, sondern als Rudiment eines einst mächtigeren Knochens, der sich nur erhalten hat, weil er physiologisch als Sesambein hat verwerthet werden können. Der Grund, wesshalb sich dieses Rudiment an der vorderen freien Gliedmasse erhalten hat, während es an der hinteren verloren gegangen ist, ist jedenfalls der dass es der distalen Sehne des M. flexor carpi ulnaris zum intermediären Ansatze diente, welche Sehne sich alsdann als Ligamentum volare rectum ossis pisiformis auf die Basis metacarpi V., als Lacertus reflexus lig. volaris recti ossis pisiformis um den Hamulus ossis hamati zur Basis metacarpi IIII. schlägt. Das Pisiforme fungirt also als Sesambein, ist aber keins; oder besser es ist ein physiologisches aber kein anatomisches Sesambein. —

8. Die CHENAL'sche Theorie. »Die Patella ist ein Sesambein. Sie ist einem beim Menschen selten auftretenden Sesambeine in der Cubitalsehne des M. extensor antibrachii triceps homolog.« Diese Theorie ist falsch, denn, wie wir gesehen haben, ist das Sesambein in der Cubitalsehne des M. extensor antibrachii triceps dem zum Beispiel beim Wombat in der Fibularsehne des M. flexor cruris biceps auftretenden Sesambeine homolog. CHENAL hat ein solches beim Menschen in der Cubitalsehne des M. extensor antibrachii triceps gefundenes Sesambein zuerst beschrieben. Der Engländer HUMPHRY ist dieser Theorie im Jahre 1860 gefolgt [1]). In letzter Zeit hat Herr Dr. TILLESSEN im vierten Bande der deutschen Zeitschrift für Chirurgie Seite 364 ein »Os patellare im Musculus triceps an der Articulatio cubit« beschrieben. Der Name Os patellare rührt von Herrn Prof. HUETER her. Die Ansicht des Herrn Dr. TILLESSEN »Denkbar wäre es, dass im vorliegenden Falle mehrere Knochenkerne im Olecranon vorhanden gewesen wären, von denen der eine nicht mit dem andern verschmolzen, sondern sich isolirt entwickelt und zur Bildung eines selbstständigen Knochens geführt habe« widerlegt sich sogleich durch das im folgenden Satze ausgesprochene Factum: »Merkwürdig ist es, dass sich bei diesem Entwickelungsprocesse das Olecranon trotzdem normal entwickelt hat.« An dem Namen Patella brachialis oder Os patellare ist übrigens auszusetzen, dass, da die Patella brachialis kein Homologon der Patella femoralis ist, durch solche gleiche Bezeichnungen leicht Irrthümer entstehen können.

9. Die OWEN'sche Theorie. »Die Patella ist ein Sesambein. Sie entspricht morphologisch einem selten auftretenden Sesambein in der radialen Sehne des M. flexor antibrachii biceps.« Diese Theorie, welche OWEN im Jahre 1849 in seinem Werke »On the nature of Limbs« pp. 19 und 24 aufstellte, ist jedenfalls diejenige der neun Patella Theorien, welche am nächsten zum Ziele trifft. Sie träfe das Ziel, wenn der M. flexor antibrachii biceps das vollkommene Homologon des M. extensor cruris quadriceps wäre, denn alsdann wäre ein Sesamoid an der radialen Sehne des M. flexor antibrachii biceps einem Sesamoid an der tibialen Sehne des M. extensor cruris quadriceps vollkommen homolog. Es ist jedoch der M. flexor antibrachii biceps

---

[1]) Vergl. HUMPHRY, Observations on the limb. of vertebrate animals, pag. 21.

nicht das vollkommene Homologon des M. extensor cruris quadriceps. Die Gründe, dass die vollkommene Homologie dieser beiden Muskel bestritten werden muss, sind folgende. Der Unterarm besitzt noch einen anderen Beuger, den M. flexor antibrachii brachialis anticus, welcher der Art seiner Phylogenese und seiner Nervenversorgung nach als Homologon des tiefliegenden Unterschenkel-Extensorencomplexes, also des M. extensor cruris vastus externus, medius und internus erscheint. Auf der anderen Seite aber ist der kurze Kopf des M. flexor antibrachii biceps ebenfalls aus phylogenetischen Gründen kein dem M. extensor cruris rectus homologer Theil, wie es allerdings der lange Kopf des M. flexor antibrachii biceps ist. Das Caput breve des M. flexor antibrachii biceps, welches seiner Genese in der Reihe der Wirbelthiere nach besser als Caput longum bezeichnet würde, ist nicht, wie von HUMPHRY und HUXLEY angenommen ist, das Homologon des M. adductor gracilis, sondern das Homologon des M. sartorius. Das Caput longum des M. flexor antibrachii biceps hingegen ist das Homologon des M. extensor cruris rectus. Das Caput longum ist übrigens das eigentliche Caput breve, da seine Ursprungsstelle (wie diejenige des M. extensor cruris rectus unterhalb der Ursprungsstelle des M. sartorius liegt) unter der Ursprungsstelle des sogenannten Caput breve zu suchen ist. Wir sehen also nunmehr das abweichende Verhalten der præaxialen Oberarmmuskeln von den præaxialen Oberschenkelmuskeln. Während nämlich an der hinteren Extremität sich die Sehne des M. extensor cruris rectus einerseits und die Sehnen des M. vastus externus, medius und internus andererseits zu einem gemeinschaftlichen tendo communis extensorius cruris verbinden, bleiben bei den meisten Amnioten die Sehne des Caput longum m. flexoris, antibrachii bicipitis und die Sehne des M. brachialis anticus getrennt. Die Sehne des Caput longum aber geht eine andere Verbindung ein, indem sie mit der Sehne des Caput breve, welches dem Sartorius entspricht, verschmilzt. Es ist mithin keine vollständige Homologie selbst zwischen M. extensor cruris quadriceps und M. flexor antibrachii biceps und M. brachialis anticus vorhanden, da die Verschmelzung des Caput longum mit dem Caput breve hier störend in den Weg tritt. Eine solche Verbindung des Caput breve mit dem Caput longum ist nichts Befremdendes, sie findet ihr Homologon in der Verbindung der distalen Sartoriussehne mit der distalen Sehne des M. extensor cruris rectus bei Cheloniern. Da aber, wie wir gesehen, der M. flexor antibrachii biceps und M. brachialis anticus dem M. extensor cruris quadriceps, noch weniger aber der M. flexor antibrachii biceps dem M. extensor cruris quadriceps vollständig, sondern stets nur partiell homolog ist, so kann auch keine totale Homologie zwischen der Patella, d. h. dem Sesambein der Tibialsehne des M. extensor cruris quadriceps, und dem Sesambeine an der Radialsehne des M. flexor antibrachii biceps, sondern nur eine partielle Homologie dieser beiden Organe Statt finden. Sollte eine totale Homologie dieser beiden Gebilde Statt finden, so müsste an der Hinterextremität die distale Sehne des M. sartorius sich mit dem tendo communis extensorius cruris verbunden an die Patella, von dort an die Tibia setzen, während an der vorderen Gliedmasse die verbundenen antibrachialen Sehnen des M. flexor antibrachii biceps und des M. brachialis anticus ein an ihrem gemeinschaftlichen Sehnenstrange entwickeltes Sesambein aufwiesen. Dieses vollständig homologe Verhalten findet sich aber bisher bei keinem amphipneunonen Wirbelthiere, und so wird man endlich aufhören müssen nach einem vollständigen Homologon der Patella an der vorderen Gliedmasse zu suchen. Es führt uns diese Betrachtung zur Vergleichung der nächst-liegenden Muskeln an der vorderen und hinteren Gliedmasse. So entspricht offenbar der M. extensor antibrachii triceps nicht dem M. flexor cruris biceps allein, — sondern diesem und dem M. semimembranosus und semitendinosus zusammen. Entsprechend wird der M. extensor antibrachii triceps vom N. radialis, die Flexoren des Unterschenkels vom N. fibularis oder den zu ihm gehörenden Ästen des N. ischiadicus versorgt. Der M. Coracobrachialis an der vorderen Extremität hingegen ist der einzige Repräsentant der zahlreichen Adductorengruppe des Oberschenkels, zu welch letzteren jedenfalls auch der M. Obturator externus gezählt werden muss. Die sämmtlichen Adductoren erhalten ihre versorgenden Äste vom N. Obturatorius (der Ast vom N. fibularis an den M. adductor magnus, der vom N. cruralis an den M. adductor pectineus sind keine constant auftretenden Gebilde, ähnlich wie der Ast des N. radialis an das Caput externum m. brachiali antici nicht constant ist). Der M. coracobrachialis wird vom Ramus internus n. perforantis Casseri versorgt. Der Ramus externus des perforirenden Nerven hingegen versorgt das Caput breve m. flexoris antibrachii bicipitis, das Caput longum desselben Muskels und den M. brachialis anticus, wie der N. cruralis den M. sartorius, den M. extensor cruris rectus und die Mm. vasti mit Zweigen versieht. Ein neuer Beweis für die Homologie der Flexoren des Unterarmes mit den Extensoren des Unterschenkels. Der fast gänzliche Fortfall der Adductorengruppe an der vorderen Extremität erklärt auch die Thatsache, dass an der vorderen Extremität auf der Höhe des Oberarmes der N. medianus und der N. ulnaris ganz oben auch der N. radialis mit der A. und V. brachialis gemeinsam verlaufen, während an der hinteren Extremität die A. und V. femoralis durch die Adductorengruppe vom N. ischiadicus getrennt sind. Am Oberarme verlaufen die A. und V. brachialis ebenso wenig mit dem N. perforans Casseri, wie an der hinteren Extremität die A. und V. femoralis mit dem N. cruralis. Man nimmt dies letztere der Bequemlichkeit wegen an, obwohl der M. psoas maior und dessen Femoralsehne die Arterie und Vene von dem Nerven trennt. Die A. und V. femoralis gehören eben zum N. ischiadicus und sind nur in der Ausdehnung der Adductorengruppe von einander geschieden. Es sei mir gestattet eine kleine vergleichende Tabelle über die Muskeln des Oberarmes und Oberschenkels zu geben.

Die die betreffenden Muskeln versorgenden Nerven habe ich beigefügt. Es ist auch diese Tabelle ein vorweg genommener Auszug aus einer grösseren Arbeit über die vergleichende Nervenkunde der Gliedmassen. Ausgegangen bin ich bei diesen Vergleichungen von der Beobachtung, dass im Kampfe ums Dasein und in der durch ihn bedingten Anpassung ererbter Zustände an neue Anforderungen am leichtesten die Ursprungsstellen eines Muskels sich verändern, bedeutend langsamer die Ansätze der Muskeln und am schwersten endlich die den Muskel versorgenden Nerven. So steigt beim Descensus testiculi der Plexus spermaticus n. sympathici längs der A. spermatica interna mit dem Hoden in das Scrotum, so wandern die Vagusäste des Magens mit dem Magen, so dass wir schliesslich das ohne die Entwickelungsgeschichte unverständliche Factum erhalten, dass ein Gehirnnerv ein Organ der Bauchhöhle mit Zweigen versieht. (GEGENBAUR.) Da aber die Versorgung durch die Nerven so ausserordentlich constant gegen alle Anpassungen sich verhält, so setzt eine vergleichende Muskellehre eine vergleichende Nervenlehre voraus. Nicht die Ähnlichkeit im Verlaufe zweier Muskeln, nicht der ähnliche Ansatz, nicht die ähnliche Function ist der Prüfstein für deren Homologie, sondern die Versorgung durch homologe Nerven. Auf diese Weise allein schon hätten wir die Homologie der Flexoren des Unterarmes mit den Extensoren des Unterschenkels, der Extensoren des Unterarmes mit den Flexoren des Unterschenkels für bewiesen halten können.

Wir haben also an dem Cubitalgelenk und dem distalen Gelenk des Femur folgende totale und folgende partielle Homologien.

Distales Humerusgelenk.	Distales Femurgelenk.
Totale Homologie.	
Olecranon.	Peronecranon.
Partielle Homologie.	
Sesamoid an der distalen Sehne des M. extensor antibrachii triceps.	Sesamoid an der distalen Sehne des M. flexor cruris biceps.
Sesamoid an der radialen Sehne des M. flexor antibrachii biceps.	Sesamoid an der tibialen Sehne des M. extensor cruris quadriceps.

Zum Schluss sage ich Herrn Professor Dr. KUPFFER, Herrn Professor Dr. PETERSEN, Herrn Dr. PANSCH und Herrn Dr. HEINCKE meinen herzlichsten Dank für das freundliche Entgegenkommen, welches sie mir bei meiner Arbeit bewiesen haben. —

Literatur.

Für die Torsionstheorie des Humerus.

CHARLES MARTINS. Nouvelle comparaison des membres pelviens et thoraciques chez l'homme et chez les mammifères, deduite de la torsion de l'humérus. Extrait des mèmoires de l'académie des sciences et lettres de Montpellier. Tome III. pag. 471—512. 1857. Ebenfalls in den Annales des sciences naturelles Sér. IV. Tome VIII. pag. 45. — 1857.

— Ost. comp. des articulations du coude et du genou. Mémoire de l'académie de Montpellier tome III. 1862.

LUCAE. Abhandlung der Senkenberg. naturf. Gesellschaft. V. Bd.
WELCKER. Archiv für Anthropologie II. 273.
GEGENBAUR. Ueber die Drehung des Humerus. Jenaische Zeitschrift für Medicin etc. IV. 50.
SPENGEL. Ueber ein neues Instrument zur Messung des Torsionswinkels am Humerus. Archiv für Anthropologie.
HUMPHRY. Observations on the limbs of vertebrate animals, the plan of their construction, their homology and the comparison of the fore and hind limbs. 1860.

Für die Patella.

Die vorstehend genannten Werke haben ebenfalls einen Werth für die Patella. Ferner:

BERTIN. Traité d'ostéologie. 1754.
WINSLOW. Exposition anatomique de la structure du corps humain. 1775.
VICQ-d'AZYR. Mémoire sur les rapports qui se trouvent entre les usages et la structure des quatre extrémités dans l'homme et dans les animaux. Mémoires de l'académie royale des sciences. 1778.

— Oeuvres recueillies par Moreau. Tome IV. 1805.

de BLAINVILLE. Nouveau dictionnaire d'histoire naturelle de Deterville, article mammifères. Tome XIX. 1818.

— Ostéographie, primates. Tome I. 1841.

MECKEL. System der vergleichenden Anatomie. 6 Bde. 1821—1833.
BARCLAY. The bones of the human body represented in a series of engravings. 1824.
GERDY. Note sur le parallèle des os. Bulletin universel de Férussac. Sciences médic. Tome XVI. 1829.

DUGÈS.	Mémoire sur la conformité organique dans l'échelle animale. Annales des sciences naturelles XXIV. 1831.
BOURGERY.	Traité complet de l'anatomie de l'homme. 1832.
CUVIER.	Leçons d'anatomie comparée, recueillies et publiées par Duméril. Seconde édition. 8 Bände. 1835—1846.
BLANDIN.	Nouveaux éléments d'anatomie descriptive. 1838.
FLOURENS.	Nouvelles observations sur le parallèle des extrémités dans l'homme et les quadrupèdes. Annales des sciences naturelles. Tome X. 1838.
—	Mémoires d'anatomie et de physiologie comparées. 1844.
CRUVEILHIER.	Anatomie descriptive. 2de édition 1843.
OWEN.	Report on the archetype and homologies of the vertebrate skeleton. Report of the sixteenth meeting of British association 1846. 1847.
—	On the nature of Limbs. 1849.
—	Principal forms of skeleton and teeth. 1860.
—	On the dislocation of the tail at a certain point observable in the Skeleton of many Ichthyosauri. Transact. Geologic. Society. 2. series. vol. V.
—	On the anatomy of vertebrates. 3vol. 1866.
JOLY et LAVOCAT.	Études d'anatomie philosophique sur le pied et la main de l'homme. Mémoires de l'académie de Toulouse. 1853.
LAVOCAT.	Comptes-rendus de l'académie des sciences de Paris Tome XXXIX. 1854.
AUZIAS-TURENNE.	Sur les analogies des membres supérieurs avec les inférieurs. Comptes-rendus de l'académie des sciences de Paris. Tome XXIII. 1846.
GERVAIS.	Annales des sciences naturelles. XX. 1853.
—	Théorie du squelette humain. 1856.
CHAUVEAU.	Traité d'anatomie comparée des animaux domestiques. 1857.
HUMPHRY.	A Treatise on the human skeleton including the joints.
FOLTZ.	Homologie des membres pelviens et thoraciques de l'homme.
GEGENBAUR.	Untersuchungen zur vergleichenden Anatomie der Wirbelthiere, Istes Heft: Carpus und Tarsus. 1864 IItes Heft: Schultergürtel der Wirbelthiere. Brustflosse der Fische. 1865.
—	Grundzüge der vergleichenden Anatomie. 2. Aufl. 1870.
—	Grundriss der vergleichenden Anatomie. 1874.
HUXLEY.	A manual of the anatomy of vertebrated animals. 1871.

Thesen.

1. Die tiefen Atheromcysten des Halses indiciren in der Regel nicht die Exstirpation, sondern die Injection von Iodtinctur nach vorheriger Ausspülung des Sackes.

2. Die Ossa interparietalia sind zuweilen bei menschlichen hydrocephalen Schädeln als besondere, von den Ossa supraoccipitalia getrennte Skeletstücke nachzuweisen.

3. Das Vorkommen epidermoidaler Gebilde in Ovariencysten ist dadurch zu erklären, dass das Keimepithel vom ersten Keimblatte herstammt, nicht durch einen Foetus in foetu.

4. Bei der ersten Befruchtung eines Vogel- oder Säugethierweibchens zeigen sich nicht nur Furchungsvorgänge in den befruchteten Eiern, sondern secundäre Furchungen auch in anderen, nicht befruchteten Eiern des betreffenden Eierstockes. Diese secundär gefurchten Eier unterscheiden sich von den befruchteten Eiern dadurch, dass sie in den ersten Stadien der Furchung stehen bleiben. Hierauf ist der Einfluss des ersten Männchens auf die ganze folgende Nachkommenschaft eines Weibchens selbst beim späteren Wechsel der Männchen zurückzuführen.